数智时代的
城市品牌叙事

刘鹏宇　张　辉　著

中国纺织出版社有限公司

内 容 提 要

城市品牌建设不仅是推广城市形象的手段，更是城市文化价值、经济实力以及全球竞争力的重要体现。本书旨在深入探讨数智时代下，城市品牌如何通过数字化和智能化手段进行构建和传播，尤其是如何通过社交网络、增强现实、虚拟现实以及人工智能等技术，提升城市的品牌价值与公众参与度。本书通过构建一个系统性的理论框架，帮助读者理解数智技术在城市品牌叙事中的具体作用，以及这些技术如何与城市品牌的各个维度进行有机融合。通过对理论与案例的详细分析，希望能够为学术界和实践者提供新的视角和方法论。

图书在版编目（CIP）数据

数智时代的城市品牌叙事 / 刘鹏宇，张辉著．
北京：中国纺织出版社有限公司，2024.12. -- ISBN 978-7-5229-2541-7

Ⅰ．F292

中国国家版本馆 CIP 数据核字第 2025QW3696 号

责任编辑：李立静　哈新迪　责任校对：高　涵　责任印制：储志伟

中国纺织出版社有限公司出版发行
地址：北京市朝阳区百子湾东里 A407 号楼　邮政编码：100124
销售电话：010—67004422　传真：010—87155801
http://www.c-textilep.com
中国纺织出版社天猫旗舰店
官方微博 http://weibo.com/2119887771
河北延风印务有限公司印刷　各地新华书店经销
2024 年 12 月第 1 版第 1 次印刷
开本：710×1000　1/16　印张：11.25
字数：200 千字　定价：99.90 元

凡购本书，如有缺页、倒页、脱页，由本社图书营销中心调换

前 言

在数智时代，城市作为经济、文化和社会活动的载体，城市品牌建设不仅是推广城市的手段，更是城市文化价值、经济实力以及全球竞争力的重要体现。随着全球化和信息化进程的加速，尤其是在技术迅速发展的当下，数字化、智能化的技术应用不断渗透到城市品牌的塑造中，改变了品牌叙事的方式和传播手段。这些技术的发展使得城市品牌叙事的形式更加多样化，也让品牌内容在传播过程中更加精准、更加注重与受众之间的互动。城市品牌不仅是一种对外宣传的工具，更是影响城市居民认同感和归属感的重要因素。

数智时代的技术发展，如人工智能、大数据、增强现实和虚拟现实等，使得城市品牌的建设有了更多的可能性。这些新兴技术不仅能够增强城市品牌的表现力，还能优化城市品牌的传播。因此，研究数智技术如何影响城市品牌的建设与传播，探讨其在增强城市认同感、塑造城市形象以及提升城市竞争力中的作用，具有重要的理论和现实意义。

本书的研究目的在于深入探讨数智时代如何通过数字化和智能化手段进行城市品牌构建和传播，尤其是如何通过社交网络、增强现实、虚拟现实以及人工智能等技术，提升城市的品牌价值。本书旨在构建一个系统性的理论框架，帮助读者理解数智技术在城市品牌叙事中的具体作用，以及这些技术如何与城市品牌的各个维度进行有机融合。通过对理论与案例的详细分析，希望能够为学术界的研究人员和相关从业者提供新的视角和方法论。

具体来说，本书希望在以下几个方面作出贡献：首先，丰富现有的城市品牌理论体系，将数智时代的新技术与城市品牌的建设进行系统性结合，为城市品牌建设领域的学术研究提供理论支撑。其次，通过大量案例的分析，总结出数智时代城市品牌建设的成功经验与教训，为从业人员提供具有可操作性的指导。最后，本书希望能够通过对未来趋势的分析，为城市品牌建设提供前瞻性建议，帮助城市在全球竞争中找准定位，塑造独特而有吸引力的城市品牌。

  本书将品牌管理学、传播学、信息技术与城市规划等学科的理论结合，通过定性与定量相结合的方法，系统梳理城市品牌的理论，对具体案例进行实证分析，以确保研究的全面性与深入性，同时通过对国际知名城市的品牌策略进行对比分析提炼出普适性的原则与策略，以期帮助读者在理解理论的基础上将其应用于实践。

著者

2024 年 10 月

目 录

第一章　城市品牌的理论演化 1
　　第一节　城市品牌的基本理论 2
　　第二节　城市品牌理论的演进 13
　　第三节　数字化对城市品牌建设的影响 19

第二章　城市品牌传播途径的演变 25
　　第一节　传统媒体 26
　　第二节　数字媒体 30
　　第三节　媒介融合 36
　　第四节　历史上的城市品牌传播策略案例分析 42

第三章　数字媒介为城市品牌建设赋能 51
　　第一节　数字媒介的特性分析 52
　　第二节　数字媒介在城市品牌传播中的角色与功能 55
　　第三节　数字化与城市品牌传播策略 62
　　第四节　利用数字媒介进行城市品牌传播的案例 72

第四章　用户生成内容与城市品牌互动 85
　　第一节　用户生成内容的价值 86
　　第二节　鼓励用户参与城市品牌建设的方式 90
　　第三节　用户参与城市品牌活动的案例研究 95

第五章　数智化与城市品牌战略方向······105
第一节　人工智能与城市品牌策略······106
第二节　大数据与城市品牌定位······108
第三节　数智技术助力城市品牌建设······113

第六章　增强现实与虚拟现实中的城市品牌体验······117
第一节　AR 与 VR 技术概述······118
第二节　增强现实在城市品牌建设中的应用······128
第三节　虚拟现实中的城市品牌体验案例······134

第七章　数字安全与城市品牌的社会责任······139
第一节　数字时代的品牌伦理问题······140
第二节　城市品牌与可持续发展······147
第三节　履行社会责任的城市品牌策略······158

第八章　研究结论与未来发展方向······167

参考文献······171

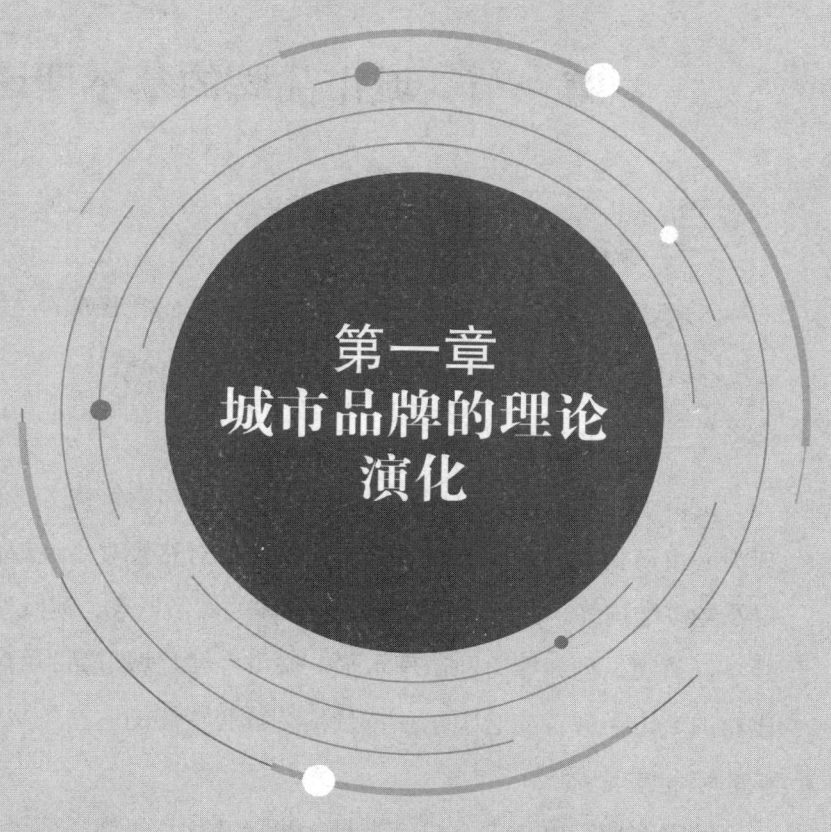

第一章
城市品牌的理论演化

第一节　城市品牌的基本理论

一、城市品牌的内涵

所谓城市品牌，是指城市个性在城市顾客心中形成的品牌积淀。这个概念可以从两个方面进行深入理解：城市个性以及品牌认知。

（一）城市个性

城市个性是指城市所具备的各种比较优势和竞争优势，这些优势往往体现为城市所拥有的资源禀赋，如文化遗产、自然景观、地理位置、历史底蕴以及经济结构等。城市个性也是一种整体的城市形象，涉及城市的文化特征、社会价值观、创新能力和治理水平。城市个性是城市品牌的基础，因为一个成功的城市品牌首先必须是独特且具有鲜明特征的，它是城市拥有的资源禀赋的综合体现。

城市个性可以从多个维度考量，包括文化、经济、环境以及社会等。文化是城市个性的重要构成部分，它包括城市的历史文化积淀、地方传统习俗和文化活动等。例如，北京作为中国的首都，不仅仅体现为政治中心的地位，还包括深厚的文化遗产和丰富的艺术活动。而经济则是指城市的经济发展特征，包括其主要产业、经济模式及经济结构等，这些要素共同塑造了城市在国内外的经济地位和形象。环境是指城市的自然环境和生态条件，包括地理位置、气候条件、自然资源等，这些都直接影响着城市在外界心目中的印象。社会则是指城市的社会文化氛围、人文环境以及居民的生活方式等。

从城市品牌建设的角度来看，城市个性具有两种功能：首先是识别功能，即帮助城市从众多竞争者中脱颖而出；其次是吸引功能，即吸引目标受众如旅游者、投资者、居民等。城市个性是通过城市的建筑风格、公共艺术、文化活动、地方特产等一系列具体元素来表达的，这些元素共同形成了城市独特的品牌个性。

（二）品牌认知

品牌认知是城市品牌建设的核心，是城市个性在人们心目中形成的总体印象和评价。这一过程涉及城市的个性如何通过多种渠道传递给顾客，并在人们心中形成稳定的品牌认知。品牌认知不仅是城市各种显性特征（如城市景观、文化活动等）和隐性特征（如文化氛围、治理水平等）的综合反映，也是人们对这些特征的主观反应。

品牌认知的形成不仅依赖于城市的"硬实力"，如城市基础设施建设、经济发展水平等，更依赖于"软实力"，即文化魅力、社会氛围以及市民的认同感和归属感。例如，人们对巴黎这座城市的品牌认知不仅来源于其建筑风格和世界知名的旅游景点，还包括其艺术氛围、生活方式以及法国文化的象征。品牌认知的过程也是一个动态的过程，随着时间的推移，人们对一座城市的品牌认知会不断受到新的事件、政策变化、社会舆论等因素的影响而发生变化。

品牌认知的形成需要多方合力。城市治理者需要通过政策和公共服务的提供来优化城市的"硬件条件"，同时通过文化活动的策划和社会服务的提升来丰富城市的"软件条件"。市民需要积极参与到城市品牌的塑造中。游客对城市的正面评价会通过社交媒体、口碑传播等方式影响更多人对城市的认知，进而强化城市品牌认知。

品牌认知的直接影响城市的吸引力和竞争力。一座城市品牌认知强的城市，往往能够吸引更多的游客、投资者和人才，形成良性的循环。而要建立品牌认知，城市需要在品牌建设过程中保持连续性和一致性，确保城市的个性能够通过长期的、稳定的传播在顾客心目中留下深刻的印象。

二、城市品牌的特征

(一) 独特性

城市品牌不同于城市形象，后者往往是城市多方面特征的综合展示，包含了文化、经济、自然环境、社会氛围等各种各样的元素，使人们对城市产生一种全面的认知。然而，城市品牌化更像是一个"标签化"的过程，它通过突出城市形象中最具有代表性和吸引力的特征，使得城市品牌能够脱颖而出，从而在人们心中建立城市品牌认知。

城市品牌的独特性不仅取决于城市所具备的独特资源，还取决于城市在国际、国内的角色定位。例如，北京作为中国的政治、文化中心，其城市品牌具有显著的政治性和文化性特征，上海则定位为国际化的经济和金融中心。而西安则以其深厚的历史文化积淀成为典型的文化型品牌城市。此外，一些城市可能依其特有的自然景观打造旅游型品牌，如桂林因独特的喀斯特地貌而闻名于世。正是这些不同的资源和城市定位，使得各个城市能够形成自己独特的城市品牌。

城市品牌的塑造需要依赖独特的特城市资源组合，这包括自然资源、历史文化遗产、经济特色、社会氛围等。例如，青岛的"五朵金花"——啤酒节、海洋文化、红瓦绿树、影视基地、滨海风情，都是青岛品牌独特性的有力支撑。通过突出这些差异化的资源优势，青岛成功地定位于旅游、文化和经济并重的多元化城市。

(二) 多样性

城市品牌不仅与城市自身的属性、资源和特质有关，还与品牌受众的认知和需求息息相关。例如，北京对于政治爱好者来说，可能是权力的象征；而对于历史文化爱好者来说，则是一个充满了古老文明气息的城市。这种多样性使得城市品牌必须采取品牌组合战略，通过塑造多个品牌形象，来满足不同受众的需求。例如，巴黎不仅是浪漫之都，也是艺术与文化的中心，是时尚与奢华的代名词。这些不同的品牌形象共同组成了巴黎的城市品牌，使其能够在面对不同的受众时展现多样化的吸引力。再如，纽约既是金融与商业的中心，也是艺术与文化的圣地，同时还是科技与创新的前沿，这些不同品牌形象的叠加，塑造了纽约这一具有多样性的品牌形象。

在城市品牌的建设中，城市管理者应从不同的角度对城市进行品牌规划，确保城市不同的品牌形象能够有效地吸引不同的目标受众。例如，城市可以通过举办各种主题的文化活动、经济博览会、艺术展览等，来增强其多样性。多样性还要求城市在传播策略上进行多样化的设计，通过不同的传播渠道和方式，传递多样化的品牌内容，以适应不同受众的需求，提升品牌的整体影响力。

（三）资产性

根据存在形态的不同，资产可以分为有形资产和无形资产，有形资产是指城市的基础设施、自然资源等具体的、可见的资源，而无形资产则指城市的文化价值、品牌认知、社会资本等抽象的、不可量化的资源。品牌不仅是一个名称或符号，更是一种无形资产，能够为城市带来长期的经济和社会效益。城市品牌的资产性正是建立在这些无形资产的基础上。

城市品牌的形成离不开有形资产的支持，例如基础设施的建设、城市环境的改善等，这些因素为品牌提供了物质基础。然而，一旦城市品牌形成，它的价值远远超越了有形资产的范畴，成为一种无形的竞争力。例如，巴黎的"浪漫之都"形象，已经成为全球人们对巴黎的一种集体认知，这种认知带来的旅游收入、文化影响力和国际知名度，都是城市品牌无形资产价值的具体体现。

城市品牌作为无形资产，具有无法计量的潜在价值，它不仅能够吸引游客、投资者，还能够增强城市居民的认同感和归属感，为城市的长期发展奠定基础。青岛通过打造"啤酒节""国际电子家电博览会""海洋节"等活动，成功地利用这些活动构建青岛城市品牌，形成了城市的无形资产，这些活动不仅提升了城市的知名度，还为城市吸引了大量的游客和投资，推动了城市的经济和社会发展。

（四）可塑性

可塑性是城市品牌得以适应变化环境和保持竞争力的重要特征。正因为城市品牌具有可塑性，历史上的许多城市得以在不同的历史时期中重新定位和塑造自己的品牌形象。例如，中国的古都洛阳和西安，虽然在现代不再是政治中心，但通过对历史文化资源的重新挖掘，成功地转型为具有浓厚历史文化气息的旅游型城市品牌。而博鳌则通过成功举办博鳌亚洲论坛，从一个默默无闻的小镇跃升为国际知名的会展城市。

城市品牌的可塑性也体现在品牌形象的修复与重塑上。在现代城市管理中，城市品牌形象并非一成不变，而是需要随着时间和环境的变化进行调整。例如，香港在面对金融风波时，投入巨资进行品牌重塑，强调其"亚洲国际都会"的形象，以增强国际竞争力。城市品牌的可塑性也意味着品牌在衰落的过程中可以通过各种努力进行恢复和重建。城市管理者必须树立品牌危机意识，及时监测品牌形象的变化，采取积极措施应对页面影响，确保城市品牌能够不断适应新时代的要求。

品牌可塑性的另一个重要方面是品牌的创新与再定位。随着城市发展阶段的不同，品牌定位也需要与时俱进。比如，深圳最初定位为"改革开放的窗口"，而随着城市的发展与科技创新的积累，逐渐转型为"科技创新之都"。这种品牌定位的调整帮助深圳保持了品牌的活力和吸引力。城市品牌的可塑性要求城市在品牌建设过程中具备开放的态度和灵活的策略，能够及时根据外部环境的变化和内部资源的调整来优化品牌形象，以增强品牌的持续竞争力。

三、城市品牌的功能

城市品牌对于城市来说不仅是一种象征性的标志或文化符号，更是一笔无形的财富，对城市的经济发展、社会进步和居民幸福感的提升都具有十分重要的价值。从城市品牌的作用范围及其影响力的方面来看，城市品牌具有提升凝聚力、吸引力和影响辐射力。这三种力量在不同层面上对城市的内部和外部产生深远的影响，共同形成一股推动城市发展的合力。

（一）凝聚力

凝聚力是城市品牌的最基本功能之一，是人们对城市产生的情感投资，是心理归属感和认同感的体现。对于城市治理者来说，在制定政策和推动城市发展的过程中，往往会以城市品牌为导向，采取有助于品牌建设和维护的措施，确保城市的持续发展和品牌形象的正面传播。

对于市民而言，城市品牌使他们因生活在这座城市而感到自豪，这种自豪感能够激发他们对城市建设的积极性，增强他们对城市的归属感和忠诚度。在一个具有强大品牌影响力的城市里，居民往往会更加关注城市的公共事务，积极参与城市的治理和建设，这种参与不仅体现在对市政政策的支持上，也体现在对城市文化、环境保护、社会公益等方面的积极贡献。同时，凝聚力也在一定程度上阻止了城市资源的外溢，特别是人才和资本的外流。生活在具有独特品牌特征的城市中的居民，通常对城市具有较强的依恋，不愿意轻易外迁。

城市品牌使得人们更加关注城市的发展，愿意为城市的繁荣做出贡献。它使得城市的内部资源，尤其是人力资源，得以更好地保留，从而为城市的发展提供持久的动力。凝聚力作用体现在日常生活的方方面面，从市民的生活质量、公共服务的质量，到市民对城市的认同感和幸福感，所有这些都直接或间接地受到城市品牌的影响。

（二）吸引力

城市品牌的吸引力主要作用是将外部的资源、资本、人才等吸引到城市中来，形成城市发展的"增量"。如果说凝聚力是对城市内部资源的盘活和优化，那么吸引力则是城市对外部资源的获取和整合，是城市品牌在外部顾客中的影响力和号召力的体现。城市品牌的吸引力使得城市在国内外竞争中脱颖而出，吸引游客、投资者、专业人才等，从而为城市带来新的发展机遇和经济收益。

良好的城市品牌建设使得城市不仅能够吸引更多的游客前来观光旅游，还能够吸引企业投资、人才涌入。例如，北京、上海、伦敦、巴黎、纽约等国际大都市，正是因为其品牌的强大吸引力，使之成为世界各地人们心向往之的目的地，不仅吸引了大量的游客和投资者，也吸引了世界顶级的科技人才和艺术家。城市通过举办各种国际性的文化节庆、经济博览会和学术论坛，不仅提升了城市的知名度，还增强了其对外界的吸引力。例如，青岛通过成功举办"啤酒节""国际电子家电博览会"等活动，形成了强大的城市吸引力，不仅推动了旅游业的发展，还带动了相关产业的兴起，为城市的经济增长注入了活力。

城市品牌的吸引力在为城市带来发展的同时，也可能产生一些负面影响，如城市的过度膨胀和"城市病"的产生。吸引力过强可能会导致城市的人口、交通、住房等方面的压力增加，资源的集中使得周边地区的发展滞后，形成"马太效应"。因此，城市在打造品牌的过程中，必须注意合理调控，确保城市规模适度增长，避免资源过度集聚而引发的各种城市问题。

（三）辐射力

城市品牌的辐射力是其影响力的外延，体现了城市对周边地区乃至更广泛的带动和扩散作用。辐射力与吸引力的作用方向正好相反，吸引力是将外部资源吸入城市内部，而辐射力则是城市将自身的影响力、资源和发展成果向外扩散，是一种外向的力量。良性的城市品牌建设得益于城市与周边地区的良性互动，城市利用其品牌辐射力能够带动周边地区的发展，实现区域的协调与共赢。

城市品牌的辐射力主要体现在经济、文化、科技等多方面。当一个城市发展水平较高，其品牌的辐射力便会显现，城市内部的资源、技术、文化等会向外围地区扩散，产生溢出效应，带动周边地区的共同发展。例如，北京作为中国的政治、文化和科技中心，其品牌辐射力不仅使得天津、河北等周边地区受益，也对整个华北地区的发展起到了重要的带动作用。同样，上海作为长三角地区的龙头城市，其经济和金融的辐射力带动了江苏、浙江等地的经济发展，形成了区域一体化的发展格局。

城市品牌的辐射力还体现在文化和社会影响力上。一个具有强大品牌辐射力的城市，往往能够通过其文化活动、公共艺术作品和社会价值观对外界产生深远的影响。例如，巴黎的时尚文化、纽约的自由精神、伦敦的绅士文化，这些城市的品牌文化不仅影响了本国居民的生活方式和价值观，也在全球范围内传播和渗透，成为这些城市品牌辐射力的具体体现。

城市品牌的辐射力是城市综合实力的体现，也是城市品牌建设的最高层次的功能。它要求城市在实现自身发展的同时，积极与周边地区进行资源共享和合作，共同提升区域的整体竞争力。通过推动区域经济一体化、文化联动发展，城市品牌的辐射力可以使得城市与周边地区形成"你中有我、我中有你"的良性互动关系，实现区域的协同发展和共同繁荣。

四、城市品牌的塑造

城市品牌的建设受到诸多因素的影响，主要包括城市本身的信息源、信息接收者的认知以及信息传播途径。城市品牌的塑造包括恰当的城市定位、积极的城市营销以及良好的城市治理三个关键方面。

（一）恰当的城市定位

建立城市品牌的关键在于城市定位。城市定位是指城市为了实现收益最大化，根据自身的内部资源、外部环境以及动态变化，明确其在国内外的角色定位和发展目标。这一定位不仅是城市品牌建设的基础，也是城市能否在激烈的竞争中脱颖而出的关键。

城市定位需要以城市的实际情况为基础，考虑到城市的历史文化、经济发展、地理位置以及社会需求等多个方面。对于一些历史悠久的城市，其品牌定位通常与文化和历史背景密切相关，例如，北京的定位是中国的政治和文化中心，强调其古典、庄严与厚重的形象；而上海则以其在经济和商业领域的优势，定位为现代、时尚、充满活力的国际化大都市。城市定位不仅是对城市现有特征的描述，更是对未来发展方向的明确引导，因此，城市治理者必须从长远发展的角度来进行科学合理的定位，确保城市品牌能够持续稳定地发展。

城市定位的准确性直接影响着城市品牌的真实性和可信度。如果定位偏离城市实际情况，可能导致公众对城市品牌的期望和实际体验之间产生差距，进而影响品牌形象的可靠性。例如，一些城市为了吸引游客和投资者，往往在品牌定位时夸大城市的资源和优势，但实际体验往往未能满足顾客的预期，从而产生负面效果。

城市品牌的定位需要具有战略性和导向性，能够有效地将城市的比较优势转化为竞争优势。比如中国香港的品牌定位为"充满活力与创新的亚洲国际都会"，这一定位不仅展示了香港作为亚洲金融和商业枢纽的地位，也突出了其多元化和创新精神，使得香港品牌在国际上具有较强的辨识度和吸引力。

（二）积极的城市营销

城市品牌的塑造不仅仅依赖于定位的准确性，还需要通过积极的城市营销策略来增强品牌的认知度和影响力。城市营销是一个综合性的过程，通过多种传播手段和渠道，将城市的品牌信息有效传递给目标受众，形成公众对城市品牌的良好体验和深刻印象。当前，消费者越来越重视自身的参与感和体验质量，因此，城市品牌的营销也需要注重公众体验，采取整合营销的方式，以多样化的手段宣传城市品牌，增强品牌的影响力。

城市营销的成功离不开系统化的规划和资源整合。首先，城市管理者需要树立营销意识,充分认识到城市品牌建设对于城市发展的重要意义,将品牌营销纳入到城市发展战略中。其次,城市需要整合各种营销资源,制订合适的营销方案并全面实施。例如,杭州通过将自身资源定位为"世界休闲之都",并通过举办首届世界休闲博览会等活动进行广泛宣传,成功地将这一品牌形象深入人心,形成了城市品牌的独特优势。

城市营销的目的在于通过合适的营销策略,使城市品牌在目标受众中形成感性和理性的认知,增强公众对城市的好感和吸引力。因此,城市的营销活动需要注重品牌的个性化表达,突出城市的独特性和差异化特征,避免同质化竞争。例如,巴塞罗那通过举办国际知名的文化艺术活动、体育赛事等,成功地将自身品牌与艺术、活力和激情联系起来,形成了鲜明的品牌个性。而纽约则通过强调其作为文化、艺术、经济和时尚中心的多元性,形成了包容和创新的城市品牌形象。

城市营销还需要注重品牌的传播效果和公众反馈。城市治理者可以通过社交媒体、调查问卷等多种手段了解受众对城市品牌的认知和评价,并根据反馈不断优化品牌传播策略。与此同时,城市营销需要以可持续发展为导向,确保品牌宣传与城市的实际发展方向和社会需求相一致,避免短期行为和虚假宣传对品牌的负面影响。城市品牌营销的成功,往往在于其是否能够将品牌价值与公众需求有效结合,从而实现品牌传播的长期影响和深远效益。

(三)良好的城市治理

城市品牌的定位和营销可以在较短时间内提升城市的知名度和影响力,但要实现城市品牌的长期塑造和巩固,还需要依靠持续有效的城市治理。良好的城市治理是城市品牌塑造的重要基础,为城市品牌建设提供了强有力的支持和保障。通过高效的城市治理,可以为城市的经济发展提供良好的商业环境,吸引投资者和企业家,以企业品牌或产业品牌带动城市品牌的发展。例如,青岛通过发展"啤酒节"等品牌活动,将城市品牌与特定产业相结合,形成了独特的品牌效应。

城市治理不仅要注重经济的发展，还需要关注城市的社会、文化、生态等多个领域，确保城市的全面协调发展。在品牌塑造过程中，城市治理者需要为市民和游客提供优质的公共服务和宜人的生活环境，例如良好的城市规划、便利的交通设施、优美的生态环境等，这些都是塑造城市品牌不可或缺的要素。大连市通过建设宜人的生态环境，成功地打造了其"浪漫之都"的品牌形象，吸引了大量游客和投资者。

为了实现城市品牌的长远发展，城市治理必须是系统化、科学化和多方协同的过程。城市顾客的需求是多样的，既包括物质需求，也包括精神需求，因此，城市治理涉及政治、经济、文化、社会和生态等多个领域，必须从多角度、多层次进行全面治理。城市治理者需要树立先进的治理理念，注重公众参与，吸引市民共同参与城市建设和治理。例如，通过社区建设、公共艺术项目、市民论坛等方式，增强市民对城市的归属感和认同感。

在城市治理过程中，政府、市场和社会三种力量的协同作用尤为重要。政府作为城市治理的主要推动者，负责制定政策、提供公共服务、引导城市发展方向；市场作为资源配置的重要手段，能够通过资本和技术的力量推动城市品牌的形成和扩展；而社会则通过市民的参与和社会组织协作，弥补政府与市场功能的不足。因此，良好的城市治理需要建立完善的治理机制，发挥各方的积极性和创造性，形成城市品牌建设的合力。

城市品牌的塑造离不开长期的维护和持续的治理。品牌的建设是一个动态的过程，城市品牌需要不断适应外部环境的变化和城市内部的发展需求。因此，城市治理者必须具备前瞻性的视野，善于学习和借鉴国内外的成功经验，并根据城市的实际情况灵活地调整。城市品牌的塑造不仅仅是当前的任务，更是一个面向未来的长期战略，只有通过良好的城市治理，城市品牌形象才能够真正地扎根于城市顾客的心中，成为城市持续发展的重要推动力。

第二节 城市品牌理论的演进

一、早期城市品牌建设的历史演变

（一）古代城市品牌的萌芽

城市品牌的建设可以追溯到古代，虽然当时的品牌概念与现代的品牌不同，但城市形象的塑造和宣传已经初具雏形。古代的城市品牌往往与城市的政治地位、宗教影响力、文化传统以及贸易地位密切相关。例如，古希腊的雅典因其民主制度和哲学思想而闻名，成为智慧与自由的象征；古罗马则以其军事力量、法律制度和城市建设而著称，塑造了"永恒之城"的品牌形象。古代城市的品牌塑造主要通过建筑、文学、艺术等文化表现形式，使城市在不同的文化背景中逐渐积累起独特的品牌形象。

古代城市品牌的萌芽与政治、文化、宗教和经济等多方面紧密结合。在古希腊时期，城市不仅是地理空间的集合，也是政治、哲学和文化的中心。雅典之所以成为智慧与自由的象征，与其民主制度的确立和繁荣的文化生活密不可分。哲学家如苏格拉底、柏拉图和亚里士多德的思想传播，其品牌形象超越了地理界限，成为一种文化标志。罗马则通过其强大的军事力量、法律制度和工程建设，如罗马斗兽场、道路和引水道，建立了一个统一和秩序的形象。罗马不仅仅是一个城市，更是一种文明的象征，这种品牌形象通过罗马帝国的扩张得以广泛传播。

古代东方的城市品牌建设也有其独特的特点。中国古代的长安（今西安）作为丝绸之路的起点，是当时世界上最为繁荣的城市之一。长安的品牌形象不仅体现在其作为政治中心的地位，还在于其文化和经济的繁荣。长安吸引了来自不同国家和地区的商人、学者和使节，形成了一个多元文化交汇的场所，这使长安的品牌形象既具有东方的神秘色彩，又充满了国际化的特质。

（二）中世纪城市品牌的形成

中世纪时期，城市品牌开始与城市的经济特征和宗教影响力相结合。许多欧洲城市因其繁荣的手工业和贸易而成为著名的商业中心，例如意大利的威尼斯因其独特的地理位置和航运贸易而被誉为"亚得里亚海的女王"。这些城市品牌的形成往往与城市的文化积淀、宗教信仰以及经济活动紧密相连，通过长期的积累，逐渐形成了独具特色的城市品牌形象。

中世纪的城市品牌形成与当时的社会经济结构密不可分。随着封建制度的确立和发展，手工业和商业在许多欧洲城市中逐渐繁荣，尤其是在意大利、德国和低地国家的城市中。威尼斯作为当时重要的贸易中心，其品牌形象不仅依赖于地理位置的优势，更得益于其在航海及海上贸易方面的领先地位。威尼斯的商人们通过与东方进行项贸易往来，建立了一个广泛的商业网络，这种贸易网络不仅带来了财富，也使得威尼斯的品牌形象在欧洲乃至世界范围内广为人知。

（三）工业革命与城市品牌的转型

工业革命时期，城市品牌的建设进入了一个新的阶段，城市的品牌形象与工业化和现代化的进程密切相关。许多城市因其工业生产的特色而形成了独特的品牌。例如，英国的曼彻斯特因纺织工业而被称为"世界的棉都"，成为纺织轻化城市的典型代表。德国的鲁尔区则因其煤炭和钢铁产业而形成工业化城市品牌形象。这一时期的城市品牌建设主要通过工业生产的成就、基础设施的建设以及城市在经济和社会发展中的地位来塑造，反映了城市在工业化背景下的繁荣与活力。

工业革命的到来彻底改变了城市的面貌，也赋予了城市品牌新的内涵。工业化使得城市成为生产和创新的中心，曼彻斯特是这一变化的代表。作为世界上第一个工业化城市，曼彻斯特不仅通过其纺织工业成为经济繁荣的象

第一章 城市品牌的理论演化

征，还通过烟囱林立、机械轰鸣的城市景象，塑造了工业化的品牌形象。这种品牌形象深刻地反映了工业革命的精神——创新、效率和力量。

与此同时，工业革命带来了城市基础设施的巨大进步，如铁路、桥梁、工厂等基础设施的建设，这些元素成为塑造城市品牌形象的重要手段。例如，英国伦敦通过建设泰晤士河上的桥梁、地铁系统以及众多工业博物馆，将其品牌形象与现代化和工业创新紧密联系起来。法国的里昂则通过其丝绸工业，塑造了"丝绸之都"的品牌形象，成为工业与工艺美术结合的典范。

（四）现代城市品牌的雏形

20世纪初期，随着城市化进程的加速，城市品牌的建设更加系统化。城市开始注重通过举办大型活动、建设地标建筑等手段来提升城市的知名度和吸引力。这一时期的城市品牌建设已经开始采用现代品牌管理的一些手段，为后来的系统化品牌建设奠定了基础。

20世纪初期，随着城市化的快速推进和全球化的初现端倪，城市品牌的塑造逐渐全球一种有意识的战略行为。巴黎在这一时期通过举办多个世界博览会，展示了其全球文化和科技创新中心的地位。特别是1889年的世界博览会，埃菲尔铁塔的建成使巴黎的城市品牌形象达到了一个新的高度。埃菲尔铁塔不仅象征着现代工程技术的卓越成就，也成为巴黎浪漫与创新的象征，巩固了巴黎在国际上的品牌地位。

纽约则通过高耸入云的摩天大楼和自由女神像，塑造了一个充满自由精神、机会和多样性的城市品牌形象。自由女神像象征着自由和民主，而帝国大厦等摩天大楼则展现了纽约作为现代化都市的繁荣和活力。这一时期的纽约通过其建筑和城市规划，传达了一种现代城市生活的理念，吸引了来自世界各地的人们前来追寻梦想。这些地标建筑和城市规划不仅提升了纽约的知名度，也使得纽约的品牌形象更加具体和具有吸引力。

20世纪初期的城市品牌建设还利用文化活动传播城市品牌形象。许多城市通过举办国际性的文化节、艺术展览和体育赛事，进一步巩固了其品牌形象。例如，维也纳通过其丰富的音乐文化和歌剧活动，成为世界著名的"音乐之都"。

二、城市品牌理论在学术界的发展

（一）城市品牌概念的提出与初步研究

20世纪中后期，随着全球化和城市竞争的加剧，城市品牌的概念逐渐被提出并受到关注。最早的研究主要集中在城市营销（City Marketing）理论上，将城市视为一种产品，通过品牌建设来吸引游客、投资者和人才。这一时期的城市品牌理论主要借鉴了商业品牌管理的理念，关注如何通过推广和宣传来提升城市的知名度和吸引力。建设城市品牌被认为是一种提高城市竞争力的手段，其主要目标是通过有效的宣传手段，使城市在全球竞争中脱颖而出。

这一时期，学者们开始认识到城市品牌的重要性，认为城市品牌不仅是提升城市知名度和吸引力的手段，还是实现城市经济可持续发展的关键因素。城市被比作一个产品，需要通过品牌建设和市场营销来吸引外部资源，包括投资、旅游和人才等。以菲利普·科特勒（Philip Kotler）为代表的学者提出，城市营销应当以品牌为核心，通过综合性传播手段和策略，提升城市的整体形象和市场竞争力。在这一阶段，城市品牌的理论基础更多地借鉴了传统商业品牌的理论，将城市视为"品牌产品"，并采用与产品品牌类似的管理方式。这种方式包括城市的品牌定位、品牌推广和品牌维护等。学者们通过案例分析发现，那些具有强大品牌形象的城市更容易在全球市场中脱颖而出，吸引更多的外来投资者和游客。例如，学者对西班牙巴塞罗那的研究表明，1992年奥运会极大地促进了巴塞罗那的城市品牌建设，使其成为欧洲的文化和旅游胜地。

（二）多学科视角下的城市品牌研究

进入20世纪90年代，城市品牌理论逐渐从单纯的城市营销扩展到多学科的研究视角。学者们开始认识到，城市品牌不仅仅是对城市外在形象的塑造，更是其内在价值和城市认同的表现。社会学、文化学、心理学等学科开始对城市品牌进行深入的研究，关注品牌如何影响城市居民的认同感以及如何通过文化、历史等因素塑造城市的独特性。

以社会学的视角研究城市品牌理论更加关注城市内部的社会结构和居民的认同感。城市不仅是一个地理实体，还是一个复杂的社会系统，品牌建设应该能够反映和代表城市居民的共同价值和身份认同。大卫·哈维（David Harvey）等学者提出，城市品牌建设必须尊重城市的历史文化，注重品牌与城市居民之间的互动。城市品牌不能仅有外部宣传，还要在城市内部宣传，使其内化为城市居民的共同记忆和情感，这样才能形成强大的品牌凝聚力和社会资本。

文化学的视角则将城市品牌与城市的文化独特性相结合，强调城市品牌应该通过挖掘和展示城市独特的文化遗产、艺术传统和生活方式来建立。城市品牌是城市文化的表达，文化是品牌的核心要素之一。学者们研究了不同城市的文化品牌建设，例如，巴黎通过对其浪漫、艺术和历史的持续宣传，成为世界公认的文化中心。

心理学的研究则深入地关注城市品牌如何影响人们的情感和认知，品牌形象如何通过情感的共鸣来建立。学者们提出，品牌是人们对城市的整体认知与情感反应的集合。通过心理学的研究，城市品牌建设者可以更好地理解品牌认知的形成过程，以及如何通过有效的品牌传播策略来引发城市居民和潜在游客的情感共鸣。例如，通过城市的地标建筑、文化节庆和历史故事等，激发人们对城市的好感和向往，形成积极的品牌联想。

（三）全球化背景下的城市品牌理论发展

随着世界各国城市之间的竞争日趋激烈，城市品牌建设被视为增强城市竞争力和吸引力的重要手段。全球化背景下，城市品牌的研究不仅关注城市的外部形象如何在国际上传播，更关注品牌如何增强城市的内部凝聚力和居民的身份认同。在这一阶段，学者们开始提出"地方依附"（Place Attachment）等概念，强调城市品牌与居民情感之间的关系，通过提升城市居民对城市的归属感来加强品牌的内在价值。

在全球化的影响下，城市品牌建设变得尤为重要，因为城市间的竞争已经不再局限于本国之内，而是扩展到了全球范围。城市品牌的建设不仅仅是为了吸引外部资源，更是为了增强城市内部的凝聚力和居民的归属感。学者们提出"地方依附"这一概念，强调城市品牌建设应当通过提升城市居民的归属感和认同感来加强品牌的内在价值。

在这一阶段，城市品牌理论的发展也受到信息技术革命的推动。社交媒体和数字平台的兴起使得城市品牌的传播方式发生了根本性的变化，负责城市品牌运营的工作人员能够通过多种数字工具和社交平台，实时地与全球受众互动。这种双向互动不仅有助于提升城市品牌的传播效果，还能够增强城市居民的参与感和认同感。例如，通过社交媒体平台，城市居民可以参与到品牌的共创过程中，分享他们对城市的记忆和故事，从而加强城市品牌的内在凝聚力和情感共鸣。

全球化背景下，城市品牌建设还面临着如何在全球市场中保持独特性的问题。学者们指出，城市品牌建设必须平衡全球化与地方化之间的关系，一方面要借助全球化的时代浪潮扩大品牌影响力，另一方面又要保持城市品牌的独特性，避免在全球化进程中失去自己的个性。例如，东京通过对其传统文化和现代科技的融合，形成了"现代与传统共存"的品牌形象，这种独特的品牌定位使得东京在全球化的背景下依然能够保持其独特的吸引力。

第三节　数字化对城市品牌建设的影响

一、数字技术的崛起

在当今数字化迅猛发展的背景下，信息技术，特别是数字技术，正在以前所未有的速度渗透到城市品牌建设的各个方面，包括城市规划、文化传播、旅游推广及商业发展等多个方面。数字技术已不再是简单的辅助工具，而是成为城市品牌建设的关键驱动力。例如，城市管理者利用大数据技术收集关于人流量、游客消费习惯和文化活动参与度等方面的数据。这些数据不仅为城市品牌的重点推广区域和特色项目提供了依据，还帮助管理者更好地了解城市及其变化趋势，从而优化资源配置和品牌策略。具体而言，通过对大数据的分析，城市品牌能够实现精准定位和市场细分，识别目标受众的偏好与需求。例如，某城市会发现年轻人更倾向于参与文化活动，而家庭游客则更关注休闲娱乐设施，这使得城市在品牌推广时可以针对不同的受众制定相应的策略。此外，数字技术的运用使得城市品牌能够快速响应市场变化，适应外部环境的波动，形成灵活的品牌推广策略。

二、城市品牌战略的数字化转型

在数字时代，城市品牌的战略重心正逐渐向数字化转型。这一转型不仅仅是对传播渠道的技术更新，更是品牌管理理念的根本性变革。城市管理者需要借助数字技术来优化品牌传播渠道和方式，增强与受众之间的互动，以适应快速变化的市场环境。过去，城市品牌的传播主要依赖于传统的媒介如电视、报纸和户外广告，然而在数字化的背景下，社交媒体、移动应用和在线平台等新兴媒介成为品牌传播的重要阵地。通过社交媒体平台，城市品牌可以实现与用户的实时互动，获取反馈并及时调整品牌策略。这种快速响应机制使得城市管理者能够在市场变化面前保持灵活性，从而满足不断变化的受众需求。例如，当城市举办的某个文化活动受到广泛关注时，城市管理者可以通过社交平台进行即时宣传，甚至根据用户的反馈快速调整活动的安排和推广策略。这种互动性不仅使品牌传播更具人性化，也增强了品牌与受众之间的情感连接。此外，数字化转型还使得城市品牌的传播变得更加精准。通过数据分析技术，城市可以识别目标受众的特点，包括他们的兴趣、行为和反馈，进而制定更具针对性的传播策略。这种基于数据驱动的决策过程，使得城市品牌能够在激烈的市场竞争中脱颖而出。例如，城市管理者可以通过分析用户的社交媒体行为，了解受众对不同文化活动的兴趣，从而优化品牌传播内容和方式。

三、数字时代品牌共创与用户深度参与

传统的城市品牌传播主要依赖于宣传手册、广告展板以及有限的电视和报纸广告等形式。这些传播方式往往是单向的，缺乏与受众的深度互动，使得品牌形象的传播显得呆板且不够生动。数字技术的出现彻底打破了这种局面。今天，城市品牌借助社交媒体平台能够实时发布城市的最新资讯、文化活动和旅游景点等信息，与全球范围内的受众进行即时互动。

数字时代的城市品牌强调用户的参与和共创，品牌的形成过程不再是单向的推送，而是一个互动与共创的过程。城市管理者可以通过各种数字平台鼓励用户分享他们的城市体验，并将这些内容整合到品牌传播策略中。用户生成内容（UGC）的出现，为城市品牌带来了新的生命力，它不仅是对品牌传播的补充，更是品牌形象的重要组成部分。通过开放的在线平台，城市管理者可以邀请市民和游客参与到品牌故事的构建中，增强品牌叙事的多样性和丰富性。这种参与式的品牌建设方式不仅提高了品牌的亲和力，还促进了城市与居民之间的联系，增强了城市的社会资本。

社交媒体的特性使得品牌传播不再是单向的信息传递,而是双向甚至多向的互动过程。用户不仅可以接收信息,还能参与到品牌的塑造中。通过评论、分享和点赞等功能,受众可以直接表达对城市品牌的看法和反馈,这种互动提升了品牌的亲和力和传播有效性。此外,移动应用为城市品牌提供了更加个性化的传播渠道。一些城市开发的旅游导览应用,不仅提供景点介绍,还能根据用户的位置和兴趣推荐个性化的旅游路线,极大地提升了用户的体验和满意度。

增强现实(AR)技术的应用为城市品牌传播带来了全新的体验模式。用户通过手机App扫描城市的标志性建筑,可以实时了解该建筑背后的历史故事、文化内涵及相关的艺术表演。这种技术不仅提升了品牌的互动性,还增强了用户的沉浸感,使他们在游览城市的过程中能够深刻体验到城市的文化底蕴与独特魅力。

在传统的媒体环境中,城市品牌的传播通常遵循一种单向的传播模式,城市管理者通过各种媒介向外界传递关于城市的相关信息。这种传播方式主要依赖于广告投放、公关活动、新闻发布会等形式,目的是提升城市的知名度和吸引力。例如,城市可能会在报纸上刊登整版的旅游广告,系统性地介绍城市的名胜古迹、美食文化和人文特色,或通过举办大型的新闻发布会向媒体和公众宣传重大发展项目。城市管理者可以精心设计传播内容,以塑造积极的城市形象。

尽管这种单向传播方式能够在短时间内提高城市的曝光率,吸引外界对城市的注意,但它也存在明显的局限性。首先,受众往往处于被动接受信息的状态,缺乏主动参与的机会,这导致品牌传播的互动性不足。其次,由于传播内容主要由城市管理者决定,受众对城市品牌的认知往往较为单一和表面化,难以形成深入认识。缺乏互动的传播方式还可能导致受众对品牌信息的反感,甚至引发信任危机。

随着数字技术的飞速发展,用户生成内容(UGC)在城市品牌传播中的地位愈加重要。在社交媒体的影响下，用户能够自由地分享他们在城市中的生活体验、旅游经历以及文化认知，这些内容以一种更加真实、生动的方式展示了城市的多样性。UGC 的形式多种多样，涵盖文字、图片、视频等，往往带有个人的情感和观点。这类 UGC 内容因其来自普通用户的真实体验，而比官方宣传更具亲和力，能够直接影响其他潜在受众对城市的认知。更重要的是，UGC 的传播速度和广泛性使其成为品牌传播的重要力量。社交平台庞大的用户群体使得这些真实的用户故事能够迅速传播并触达更广泛的受众。与传统广告相比，UGC 能够更好地引发人们产生情感共鸣，因为它更能体现普通人的声音和感受，降低了城市品牌的距离感。

在数字化时代，城市品牌的塑造不再仅仅依赖于传统的宣传策略，这一转变标志着品牌塑造方法的根本变化。过去的宣传策略通常侧重于城市管理者对品牌形象的主观构建，通过精心策划的广告和公关活动来塑造城市的品牌形象。这种方法往往难以反映市场的真实反馈和用户的情感需求。如今，城市管理者越来越意识到，只有通过真实的用户反馈和用户参与，才能构建出具有吸引力和竞争力的城市品牌。为此，许多城市开始采取主动收集用户意见的策略。例如，通过在线问卷调查、社交媒体互动和用户评价等多种方式，城市管理者能够获取用户对品牌形象的看法、建议及体验。这些反馈不仅为品牌定位提供了依据，也为宣传内容和推广方式的调整提供了数据支持。通过这种方式，城市品牌的塑造能够以用户为中心，反映城市的多样性与包容性。用户参与的品牌塑造过程不仅增强了用户对品牌的认同感和忠诚度，也使城市品牌在传播过程中展现出更为丰富的内涵和活力。例如，一些城市通过举办文化活动、创意赛事等形式，邀请居民和游客共同参与，激发他们的创造力和对城市的热情。

四、数字技术对城市品牌整体感知的影响

利用数字技术，城市可以将历史、文化、旅游等看似分散的元素有机地整合在一起，创造出一个多维度的品牌体验，让受众能够从多方面感知城市

的独特魅力。以增强现实技术为例，当游客漫步在城市的古老街区时，通过手机上的AR应用，他们不仅能够看到古建筑的外观，还能实时重现历史事件、古代名人的生活场景以及相关的文化传说。这种技术应用极大地丰富了游客对城市的感知体验，使得城市的历史和文化不仅仅是冰冷的文本或图片，而是变成了可以互动、可体验的生动故事。同时，AR应用还可以与周边的旅游景点、文化活动、特色商店等信息进行关联，提供一站式的旅游服务体验。

多维度的品牌体验能够促使用户从多个角度感知城市品牌，进而形成更为全面和深入的品牌认知。在传统的城市品牌认知中，受众的印象往往局限于城市的著名景点，例如游客可能仅仅对一座标志性建筑或一个知名的旅游项目有深刻的记忆，而对城市的其他方面如历史文化、社会生活及经济活力等知之甚少。这种片面的认知不仅限制了受众对城市品牌的整体理解，也削弱了城市品牌的吸引力。

然而，通过数字技术所创造的多维度品牌体验，游客可以在游览城市的同时，深入了解城市的历史文化底蕴、社会生活风貌以及经济发展的活力。例如，在参观一个现代化的商业中心时，数字导览系统不仅提供了商业中心的基本信息，还能够介绍该区域的历史变迁、周边社区的文化特色及城市的商业发展战略等相关内容。这种信息的整合不仅丰富了游客的旅行体验，也使得品牌形象在游客心中变得更加鲜明和深入。全面深入的品牌认知不仅提高了城市品牌在受众心中的价值，也增强了受众的忠诚度与满意度，使得城市品牌在激烈的市场竞争中脱颖而出。

五、数字体验与品牌沉浸感

随着虚拟现实（VR）和增强现实（AR）技术的迅速发展，城市品牌的体验方式正在发生根本性的变化。这些技术不仅为用户提供了沉浸式的品牌体验，还使得城市品牌的传播更加生动和具体。在过去，品牌传播往往是单向的信息传递，缺乏情感的共鸣。然而，在数字时代，城市品牌通过沉浸式体验，创造出一种全新的互动方式，让用户在体验中获得情感共鸣，从而更深刻地理解品牌。例如，通过 AR 技术，当游客漫步在城市的历史街区时，他们可以使用手机应用程序扫描标志性建筑，获取该建筑背后的历史事件、文化传说和名人故事。这种即时的信息提供和互动体验不仅增强了游客对城市品牌的感知和认同，也让城市的历史与文化更加生动鲜活。游客不仅是被动的信息接收者，而是通过互动参与到品牌传播中，从而增强了品牌的吸引力和影响力。这种沉浸式体验使得品牌传播不再局限于单一的信息传递，而是通过多感官的刺激，让用户在体验中形成对城市品牌的深刻印象。用户在享受品牌体验的过程中，感受到的情感和体验将直接影响他们对城市品牌的认知和态度。

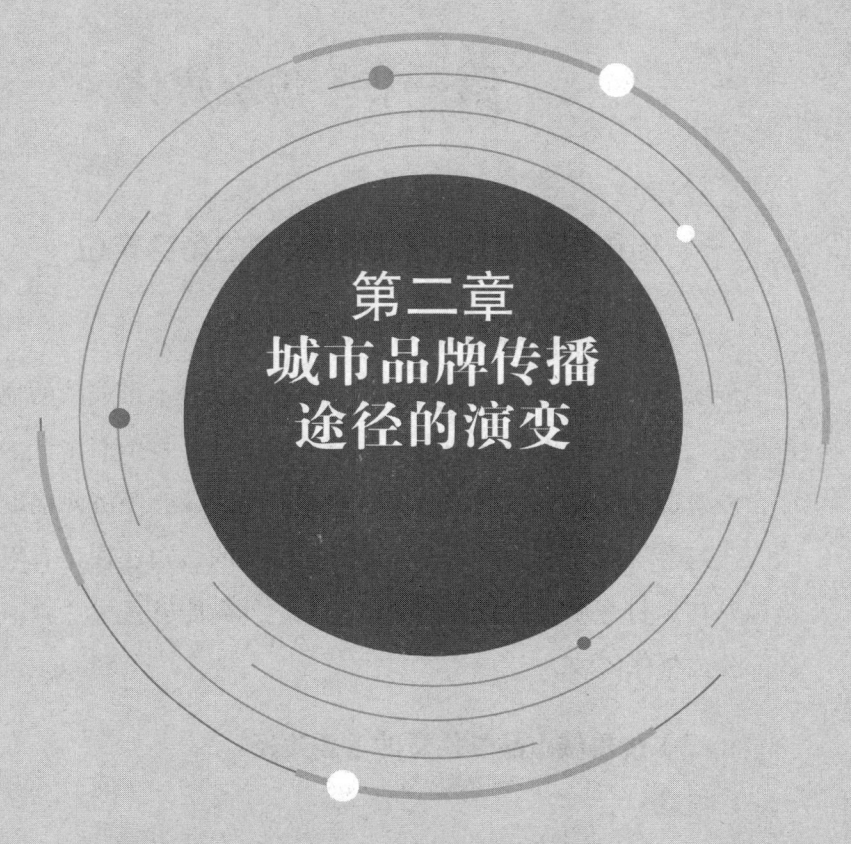

第二章
城市品牌传播途径的演变

第一节　传统媒体

一、传统媒体在城市品牌塑造中的角色定位

（一）城市与外界沟通的窗口

传统媒体过去在城市品牌塑造过程中占据着不可或缺的地位，其首要角色是充当城市与外界沟通的窗口。城市犹如一个复杂而多元的有机整体，可能会涉及历史文化、独特的地理风貌、多样的社会经济元素以及充满活力的人文气息等不同元素。然而，外界对于城市的认知往往是有限的，传统媒体就像是一扇打开城市神秘大门的窗户，让外界能够透过这扇窗户窥视到城市的部分或整体风貌。

（二）传播城市品牌信息的重要途径

1. 报纸

报纸在城市品牌信息传播方面具有独特的功能。通过专题报道这种深度挖掘的形式，能够聚焦城市的某一特定方面。例如，对于一个具有悠久历史的古城，报纸可以详细阐述其从古代到现代的发展脉络，包括古代王朝在此地的建都史、历史名人与该城市的联系等。城市专栏则是报纸展示城市品牌的另一个重要形式。在城市专栏中，可以系统地介绍城市的旅游景点，从自然景观特色，如山川湖泊的秀丽景色，到人文景观特色，如古老建筑的建筑风格、背后的文化内涵等；也能报道城市的经济发展成果，像新兴产业的崛起、大型企业的发展战略以及城市在区域经济中的地位等内容。

2. 杂志

杂志以其精美的印刷效果和高品质的内容，为城市品牌的传播提供了一

个独特的平台。它擅长以精美的图片和深入的文字报道相结合的方式，对城市的特色文化活动进行深度挖掘。例如，对于一个以民俗文化闻名的城市，杂志可以用大幅的精美图片展示民俗活动中的传统服饰、独特的舞蹈动作等视觉元素，再配以文字深入解读这些民俗活动的起源、发展演变以及它们在现代社会中的意义。

在展示独特的地域风情方面，杂志能够从地理、人文、社会等多个维度进行呈现。它可以通过对当地独特的地理环境，如特殊的地貌、气候条件等的描述，以及对当地居民生活方式、传统习俗等人文元素的挖掘，全方位地展示城市的地域风情，使读者仿佛身临其境。

3. 电视

电视凭借其视听结合的优势，成为城市品牌形象传播的有力工具。在制作城市宣传片方面，电视可以运用高清的拍摄技术、专业的剪辑手法以及富有感染力的音乐和解说词，从城市的宏观全貌，如城市的天际线、繁华的商业区，到微观细节，如街头巷尾的特色小吃摊、传统手工艺品制作等，全方位、多角度地展示城市的形象。

电视台的旅游栏目是电视传播城市品牌的重要形式。通过旅游栏目主持人的实地体验和介绍，观众可以跟随镜头领略城市的旅游景点，了解景点的游玩攻略、周边配套设施等信息，同时还能感受到当地的旅游氛围和文化特色。

4. 广播

广播作为一种声音传播媒介，以其独特的方式传递城市相关信息。广播台的旅游资讯节目能够及时向听众播报城市的旅游景点动态，如景区的开放时间调整、新的旅游项目推出等信息。

广播台的城市故事栏目则通过讲述与城市相关的历史故事、民间传说等，赋予城市更多的文化内涵和情感色彩。例如，讲述一个城市中古老建筑背后的爱情传说，能够让听众在脑海中构建起对这个城市浪漫而神秘的印象。

二、传统媒体传播城市品牌的特点

（一）权威性与专业性

传统媒体在传播城市品牌信息时主要采用单向传播的方式。传统媒体具有较高的权威性和专业性，传统媒体往往拥有专业的采编团队，这些团队成员经过系统的新闻专业训练，具备扎实的采访、编辑和审核能力。

在采访环节，记者们深入城市的各个角落，与城市管理者、当地居民、专家学者等进行深入交流，获取关于城市品牌的第一手信息。例如，在报道城市的文化遗产保护情况时，记者会采访文物保护专家，了解文化遗产的历史价值、保护现状以及面临的挑战等。

在编辑过程中，编辑人员会根据新闻价值和城市品牌塑造的需求，对采访素材进行精心筛选、整理和加工。他们会运用专业的新闻写作技巧，将复杂的城市品牌信息以清晰、准确的方式呈现出来。

审核环节则确保了信息的准确性和可靠性。编辑部门会对稿件进行严格的审核，检查信息来源是否可靠、内容是否符合事实、表述是否准确等，避免虚假信息或错误信息的传播，确保传统媒体在城市品牌传播中的权威性。

电视台制作的城市宣传片是传统媒体单向传播城市品牌的典型案例。在制作城市宣传片时，从前期的策划开始，就需要确定宣传片的主题、风格和重点展示内容。例如，一个以创新科技为城市品牌特色的城市，宣传片的策划会围绕城市的科技园区、高科技企业、创新人才等元素展开。

在拍摄过程中，专业的摄影团队会运用各种拍摄设备和技术，如航拍、特写镜头等，从不同的视角捕捉城市的科技元素。然后经过专业的剪辑师进行剪辑，将拍摄素材精心组合，使宣传片的节奏明快、内容紧凑。最后再配上音乐和解说词，从多个角度展示城市的美丽风光和独特魅力，将城市的科技品牌形象呈现给广大观众。

（二）传播范围广

传统媒体的传播范围相对较广，这是其在城市品牌传播中的一个重要特点。报纸、杂志通过发行网络，可以覆盖不同地域的读者。例如，一份全国性的报纸，其发行范围可以涵盖国内的各个省份，甚至在一些国际地区也有发行，能够将城市品牌信息传递给不同地域的受众。电视和广播更是凭借其覆盖范围广的优势，能够触及不同年龄层次和不同社会群体的受众。电视节目可以在不同的频道、不同的时段播出，儿童、青少年、成年人以及老年人，都可以在电视上找到适合自己观看的节目，利用电视栏目传播城市品牌形象可以使其接收到其中包含的城市品牌信息。广播电台的节目也可以通过不同的频率和节目类型，如新闻广播、音乐广播等，覆盖到不同兴趣爱好的听众群体，将城市品牌相关信息广泛传播到大众中。

（三）时效性相对较弱

传统媒体在传播城市品牌信息时，其时效性相对较弱。报纸的出版周期通常是日刊、周刊或月刊等，这就意味着从新闻事件发生到报纸报道之间存在一定的时间差。例如，一个城市举办了一场盛大的文化节，当报纸报道这个事件时，可能已经过去了一天或数天，此时文化节的热度可能已经有所下降，信息的时效性受到了影响。杂志的出版周期更长，一般为月刊、双月刊甚至季刊，这使得杂志在报道城市品牌相关信息时，往往无法及时反映城市的最新动态。对于一些时效性较强的城市品牌信息，如突发的城市旅游热点事件、临时的经济发展政策调整等，杂志很难做到及时报道。电视和广播虽然在新闻报道方面相对及时，但在城市品牌的深度报道和专题节目制作方面也存在一定的时间滞后性。例如，制作一个关于城市新兴产业发展的专题节目，从选题策划、采访拍摄到后期制作播出，可能需要数周甚至数月的时间。

（四）缺乏与受众的互动

传统媒体在传播城市品牌信息时缺乏与受众的互动，这是其传播特点中的一个明显局限。在传统媒体的传播模式下，受众只能被动地接受信息，难以对城市品牌信息进行反馈和参与传播。对于报纸和杂志，读者只能阅读文章内容，无法直接与作者或编辑进行即时的交流。即使读者对报道的城市品牌内容有疑问、建议或不同意见，也很难在第一时间得到回应。电视和广播虽然可以通过电话热线等方式与部分受众进行有限的互动，但这种互动的范围和深度都非常有限。例如，在电视旅游节目中，虽然可以设置观众热线环节，但能够参与互动的观众数量有限，而且互动的内容也往往只是简单的问答，无法实现像数字媒体那样大规模、深度的互动交流。

第二节 数字媒体

一、早期互联网阶段：网页浏览的开端

数字媒体的发展历程与信息技术的革新紧密相连。在早期，互联网的出现开启了数字媒体的大门，网页浏览成为人们获取信息的新方式。这一时期，网站主要以文本和简单的图像形式呈现信息，其传播内容相对有限。然而，它为后来数字媒体的蓬勃发展奠定了基础，是信息传播从传统纸质媒介向电子媒介转型的重要一步。例如，早期的新闻网站开始将传统的新闻报道以网页的形式呈现给全球的读者，打破了地域和时间的限制，使人们能够即时获取来自世界各地的新闻资讯。

二、移动互联网时代：移动应用的爆发

随着移动互联网技术的迅猛发展，移动设备逐渐成为人们获取信息的主要途径，对城市品牌的传播产生了深远影响。

（一）城市旅游类应用

城市旅游类应用为游客提供了全方位的旅游服务。它们不仅包含城市各个景点的详细介绍，如景点的历史背景、开放时间、门票价格等，还提供了

个性化的旅游线路规划功能。用户可以根据自己的兴趣和时间安排，在应用内定制专属的旅游行程。同时，这类应用还整合了酒店预订、美食推荐等功能，将城市的旅游资源进行了系统的整合和推广，成为城市旅游品牌传播的重要平台。

（二）生活服务类应用

生活服务类应用通过用户的评价和推荐，展示了城市的餐饮、娱乐、购物等场所的特色和服务质量。这些应用利用用户生成内容（UGC）的方式，让城市的商业品牌得到了广泛地传播，吸引更多的本地居民和游客前来品尝，从而提升了城市美食文化的知名度。

（三）文化娱乐类应用

文化娱乐类应用如爱奇艺、腾讯视频等，为城市的文化娱乐产业提供了传播渠道。它们通过播放城市制作的电影、电视剧、综艺节目等内容，展示了城市的文化创意产业成果。例如，一些以城市为背景拍摄的电视剧在这些应用平台上的热播，不仅吸引了观众对剧情的关注，也让观众对剧中主角所在的城市产生了浓厚的兴趣，间接地传播了城市的形象。

（四）社交媒体

社交媒体平台的出现是数字媒体发展的一个重要里程碑。微博、微信、小红书、抖音等社交媒体平台以用户关系为核心，构建了庞大的社交网络，成为城市品牌传播的重要阵地。

在社交媒体平台上，信息的传播速度极快。城市官方账号或者城市居民发布的关于城市的信息，如城市举办的大型活动、新的旅游景点开放等，能够在短时间内被大量的用户看到并分享。例如，当一个城市举办国际音乐节时，官方微博账号发布的相关信息可以通过用户的转发，迅速传播到数以万计甚至百万计的用户面前，极大地提高了城市活动的知名度。

社交媒体的互动性使得用户之间可以进行深度交流。用户可以对城市品牌相关的内容点赞、评论、分享，并且可以与城市管理者或者其他用户进行沟通，这种互动形成了口碑传播，用户的真实体验和评价对城市品牌形象有着重要的影响。例如，一个游客在微博上分享了自己在某个城市的旅游经历，包括遇到的美好事物和不愉快的事情，其他用户可以根据这些分享来决定是否前往该城市旅游，从而影响城市的旅游品牌形象。

三、数字媒体与城市品牌传播的理论基础

（一）叙事学

1. 叙事学与城市品牌故事传播构建的关系

叙事学作为一门研究叙事结构、叙事功能以及叙事话语等方面的学科，为城市品牌故事在社交网络中的传播与构建奠定了坚实的理论基石。在当今数字化高度发达的时代，社交网络成为信息传播的主要平台之一，城市品牌故事借助社交媒体平台得以广泛传播。叙事学所关注的故事要素，如结构、情节和人物等，与城市品牌故事的构建有着千丝万缕的联系。

从结构层面来看，叙事学为城市品牌故事提供了一种组织框架。城市作为故事的大背景，其自身的地理空间布局、功能分区以及不同区域之间的联系等都可以被纳入故事结构之中。例如，城市的商业区可能是故事中充满活力与商业竞争的部分，而文化区则是承载着历史文化传承与创新的部分。这种结构上的安排有助于将城市的各个方面有机地整合到一个完整的品牌故事之中。

情节方面，叙事学强调情节的连贯性和逻辑性。对于城市品牌故事而言，情节是展现城市发展动态的关键。城市中的每一次重大建设、每一个政策的出台以及每一个社会现象的产生都可以成为情节的组成部分。这些情节之间相互关联，共同描绘出城市发展的轨迹。例如，一个城市在举办大型国际活动后，城市的知名度提升，旅游业得到发展，进而带动了相关产业的繁荣，这一系列的事件就构成了一个完整且富有逻辑的情节链。

人物在城市品牌故事中也是不可或缺的元素。城市中的居民是城市故事的创造者和见证者，他们的生活方式、价值观和文化传统是城市品牌故事的重要内容。游客则从外部视角为城市故事带来了新的元素，他们的旅游体验、对城市的印象等丰富了故事的内涵。历史人物更是城市的文化瑰宝，他们的事迹、思想和贡献成为城市品牌故事的重要构成。

2.城市品牌故事的叙事结构要求

依据叙事学理论，一个成功的城市品牌故事的叙事结构犹如一座精心构建的建筑，每个部分都承担着特定的功能并且相互配合，共同营造出一个引人入胜且富有内涵的整体。

开头部分：在故事的开头，需要运用巧妙的叙事手法来引入主题，吸引受众的注意力并激发他们的好奇心，描述古老渔村时期的独特风貌。例如，可以详细描绘渔村的地理环境，如坐落在海边的宁静小渔村，周围环绕着金色的沙滩和茂密的红树林。清晨，渔民们迎着朝阳出海捕鱼，渔船在波光粼粼的海面上形成一道独特的风景线。或者通过讲述一个具有代表性的历史事件来开启故事，比如一场罕见的海上风暴，渔民们如何团结协作，在狂风巨浪中保护自己的家园和渔船。

中间部分：中间部分是城市品牌故事的核心，需要详细阐述城市发展过程中的起伏变化。这包括各种政策的背景、实施过程以及所产生的影响等多方面的内容。以城市的产业转型为例，当城市决定从传统渔业向多元化产业转型时，背后的背景是复杂而多元的。可能是由于全球渔业市场的波动，传统渔业面临着价格不稳定、资源过度捕捞等问题。在实施过程中，城市可能会出台一系列的政策措施。例如，为了吸引高科技企业入驻，城市可能会提供税收优惠、土地优惠以及完善的基础设施建设。同时，还会加强教育和人才培养方面的投入，与高校和科研机构合作，培养适应新兴产业发展的专业人才。这些政策的实施对城市产生了深远的影响。一方面，新兴产业的发展带来了新的经济增长点，提高了城市的经济竞争力。另一方面，新产业的涌入也带来了不同的文化和生活方式,促进了城市文化的多元发展。例如,高科技产业带来了创新、高效的工作文化,文化创意产业则激发了城市的艺术氛围和文化活力。

结尾部分:结尾部分要给人以完整感和启示性,展示城市发展至今所取得的成就以及对未来的展望。城市在经历了漫长的发展历程后,取得了众多令人瞩目的成就。在经济方面,城市可能已经成为区域甚至全球的经济中心之一,拥有多元化的产业结构,涵盖了高端制造业、现代服务业、金融科技等多个领域。在文化方面,城市成功地保护和传承了自己的传统文化,同时融合了现代文化元素,形成了独特的城市文化品牌。例如,城市的博物馆、艺术展览和文化节庆吸引了来自世界各地的游客,成为文化交流的重要平台。

(二)符号互动理论

符号互动理论在剖析城市品牌于社交网络中的传播与互动机制方面发挥着不可替代的作用。

在当今社交网络蓬勃发展的时代,信息传播呈现出碎片化、多元化和即时性的特点。城市品牌传播置身于这样的传播语境下,不得不依赖各种各样的符号来达成传播目的。这些符号涵盖了文字、图片、表情符号等多种形式,它们在城市品牌传播的过程中各自扮演着独特的角色。

从文字符号来看,城市品牌的名称、宣传标语以及相关的文字描述等都是构建城市品牌形象的重要元素。城市名称本身就是一个极具代表性的文字符号,它蕴含着城市的历史、地理、文化等多方面的信息。例如,"雅典"这个名称,立刻会让人联想到古希腊文明、帕特农神庙以及哲学的起源地等丰富的文化内涵。宣传标语则是对城市品牌核心价值的一种精炼概括,像"浪漫之都巴黎",通过简单的文字组合,传达出巴黎充满浪漫气息的城市形象,吸引着世界各地追求浪漫的人们。

图片符号在城市品牌传播中的作用更是不可忽视。一张精美的城市风景图片能够瞬间抓住受众的眼球,直观地展示城市的风貌特色。例如,一张悉尼歌剧院在夕阳下的剪影图片，将悉尼独特的建筑景观和美丽的自然环境完美结合，无需过多的文字解释，就能让受众感受到悉尼这座城市的独特魅力。图片还能够展示城市的人文景观，如城市中的传统节日庆典场景、市民的生活百态等，这些图片能够传递出城市的文化氛围和生活气息。

表情符号虽然看似简单，却在城市品牌传播的互动环节中具有特殊意义。在社交网络的互动交流中，表情符号能够传达出情感态度，增强信息的感染力。例如，在宣传城市的旅游景点时，使用一个表示兴奋的表情符号，可以让受众更加直观地感受到这个景点的吸引力，激发他们的兴趣。

符号互动理论强调人们通过对符号的理解和解释来构建社会互动关系，这一点在城市品牌传播中具有重要的意义。城市品牌传播的过程实际上就是城市与受众之间进行符号互动的过程。城市通过发布各种包含符号的信息来传达自身的品牌形象和价值，受众则根据自己的文化背景、生活经历和个人喜好等对这些符号进行解读，并做出相应的反应。这种互动关系不仅影响着受众对城市品牌的认知和态度，也反过来影响城市品牌传播者的传播策略。例如，如果一个城市发布了一组展示当地美食文化的图片符号，受众在看到这些图片后，可能会根据自己对美食的喜好和理解进行评论，分享自己的美食体验或者提出改进建议。城市品牌传播者则可以根据这些反馈进一步优化美食文化的传播内容和方式，从而更好地塑造城市品牌形象。

对于城市品牌而言，存在着多种类型的重要品牌符号，这些符号是建设城市品牌的基石，从不同维度构建和支撑着城市的品牌形象。

城市的标志性建筑无疑是城市品牌符号中极具代表性的一种，它宛如城市的名片，以一种直观、醒目的方式向外界展示着城市的形象。标志性建筑往往具有独特的建筑风格、宏大的规模和深厚的历史文化底蕴，成为城市在全球范围内的识别标志。以巴黎的埃菲尔铁塔为例，这座高达312米的钢铁建筑，自1889年建成以来，就成为巴黎乃至整个法国的象征。从建筑风格上看，它是19世纪末工业革命时期钢铁结构建筑的杰作，展现了当时先进的工程技术和创新的建筑理念。埃菲尔铁塔的独特造型，四条巨大的拱形腿支撑着高耸入云的塔身，在巴黎的天际线上形成了一道独特的风景线，无论是远观还是近赏，都给人以强烈的视觉冲击。从文化意义上讲，埃菲尔铁塔见证了巴黎的历史变迁，它是法国文化艺术的重要载体，它出现在无数的绘画、小说、电影和摄影作品中。对于游客来说，埃菲尔铁塔是到巴黎旅游必去的打卡地，它代表着巴黎的浪漫、时尚和文化魅力。

除了标志性建筑，特色文化符号也是城市品牌不可或缺的组成部分，它们如同城市文化的基因密码，蕴含着丰富的文化内涵，是城市文化传承与发展的重要载体。

传统服饰是特色文化符号的一种重要表现形式。不同城市的传统服饰反映了当地的民族、民俗、宗教信仰和审美观念等多方面的文化特征。

民俗图案也是特色文化符号的重要组成部分。这些图案往往与当地的民间传说、神话故事、传统习俗等紧密相连。它们在城市品牌传播中能够让受众深入了解城市的文化底蕴，增强城市品牌的文化吸引力和独特性。

第三节　媒介融合

一、媒介融合概述

（一）媒介融合现象的成因

1. 数字化技术的支撑

数字技术的迅速发展为媒介融合提供了坚实的基础，特别是虚拟现实（VR）和增强现实（AR）等技术的应用，使得城市文化的传播方式更加多样化。

互联网的出现使得数据、文字、图像和声音等多种信息形式能够在一个平台上融合展示。麦克卢汉认为"媒介是人的延伸"强调了媒介不仅是信息传递的工具，更是人类感官体验的延伸，能够同时以视觉、听觉等多种方式影响用户的理解和感知。这一观点为理解媒介融合的现象提供了深刻的视角。此外，计算机技术的飞速发展、人工智能的应用以及信息传输技术的提升，使得信息传播的速度更快、准确度更高，极大地突破了时间和空间的限制。用户可以通过各种接收终端设备，随时随地获取信息，带来了更加便捷的信息接收体验。这些变化不仅改变了信息传播的方式，也推动了媒介之间的深度融合。可以说，数字化技术和互联网的迅猛发展，为媒介融合提供了条件，技术的动能对传媒变革起到了决定性作用。

2. 新媒体崛起促使媒介转型

在当前的大众传播环境中，传统媒体面临的竞争不仅来自同行，更大的压力来自新媒体。随着社交媒体、短视频和直播平台的崛起，大众的选择权和话语权大幅提升。传统媒体必须迎合用户的需求以争取生存空间。在这种竞争激烈的环境下，降低生产成本、提高内容质量成为传统媒体发展的必然趋势。为顺应时代潮流，许多传统媒体采取了一系列积极的应对措施。其中，《人民日报》的"中央厨房"模式就是一个颇具代表性的媒介融合尝试案例。通过"一次采集、多元生成、多渠道传播"的传播策略，使得媒体在节省采编人力的同时，提高了内容的分发效率。借助这一模式，传统媒体能够更灵活地适应快速变化的市场需求，同时增强内容的多样性和增加覆盖面。此外，许多地方的市、县级传媒单位也纷纷建立融媒体中心，旨在最大程度地实现资源的整合与共享。

在传媒产业发展的进程中，技术的迅速发展固然重要，但归根到底，传媒行业依然是一个以"人"为本的行业。所有的传媒产品最终目的都是将内容传播到受众，尤其是在当前信息爆炸的时代，大众传媒不再是单向地将内容输送给受众，而是转变为分发者与受众之间的双向互动与精确传播。新媒体的兴起使得用户拥有更多选择内容的权利，同时也增加了信息接收的渠道。通过大数据和数字技术，受众在平台上形成了个性化的用户画像，甚至可能出现"信息茧房"，使得用户在信息的选择上越来越倾向于自己已有的兴趣与偏好。在这种背景下，媒体若想获得大批量用户并确保内容被广泛传播，必须适应市场竞争，进行多媒介的融合以满足不同用户的需求。融媒体的出现有效满足了用户的多样化需求，实现了信息传播的分众化、多样化与便捷化。

（二）媒介融合对传统媒介的影响

媒介融合是随着数字化技术和互联网技术发展而出现的新趋势，必然对原本在大众传媒环境下成熟发展的传统媒介产生影响。在媒介融合的大背景下，技术革新、信息传递者与接收者地位的转变，都在促使传统媒介走出原有的舒适圈，经历变革或转型的阵痛。

1. 传统媒介面临的困境

传统媒介面临着用户流失的困境。新媒体平台使受众掌握了更多的选择权和话语权。在传统媒体时代，内容生产者拥有绝对的控制权，只需将信息单向传递给受众。然而，在媒介融合时代，受众的需求和偏好更为重要。这使传统媒体很难适应这种新的传播环境，尤其是当他们未能有效挖掘用户需求时，用户流失现象显得尤为严重。用户转向新媒体，是因为新媒体能够更好地满足他们的个性化需求和自主选择的权利，而传统媒介如不及时调整自身策略，将难以在竞争中生存。

传统媒介需要进行自我革新，以需求导向调整策略，积极追求与新型媒介的融合，深入了解用户需求，吸引流量。在这个过程中，传统媒体需要重新评估自身的价值，利用自身的优势，例如丰富的内容生产经验和广泛的受众基础，重新制定策略以适应不断变化的市场。

2. 传统媒介的突破

为了迎合媒介融合的发展趋势，传统媒介在资源整合方面做出了重要突破。通过整合媒介资源，传统媒介能够实现"快采集、多分发"的传播效果，从而提升其在市场中的竞争力。这种整合不仅包括技术的更新，还涵盖了内容与形式的创新。例如，近年来在卫视文艺晚会中广泛应用的 AR 和 VR 技术，以及新闻领域中的机器人新闻技术，都是传统媒介应用数字化技术的成功案例。这些技术的引入不仅提升了信息传播的效率，还增强了内容的吸引力和多样性，使传统媒介能够在竞争中保持活力。传统媒介借助互联网技术与新媒介进行内容、形式等方面的融合，盘活了传统媒介。这不仅是对传统媒介自身能力的挑战，更是提升其市场竞争力的关键所在。再如，一些地方传统媒体通过与新媒体合作，开发互动性的内容，使得传统新闻在新兴平台上获得更多关注。通过结合新技术，传统媒介不仅提升了信息传播的效率，还增强了内容的吸引力和多样性，逐渐在激烈的市场竞争中找到了生存与发展的空间。

二、媒介融合对城市形象的综合影响

（一）互动性与参与度的提升

在传统媒体时代，城市形象传播主要依靠广播、电视和报纸等传统媒介。广播以声音为传播载体，其传播方式是按照既定的节目时间表，将有关城市的信息，如城市的新闻动态、文化活动预告等向听众传播。电视则在视觉和听觉的维度上进行城市形象的构建，通过制作精美的画面和生动的解说词，展示城市的风貌、特色建筑以及人文景观。报纸凭借文字和图片的组合，以版面为空间布局，报道城市的政治、经济、文化等各个方面的情况。然而，这种传播模式存在着显著的局限性。信息的单一流向使城市品牌的传播者（如城市宣传部门、媒体机构）与公众缺乏互动。城市管理者和媒体难以获取公众对于城市形象传播内容的即时反馈，无法确切知晓公众对城市形象的认知、态度以及期望。例如，城市在报纸上刊登了一系列关于城市新开发旅游景区的报道，但对于读者是否对这些报道感兴趣、是否有意愿前往景区游览，以及报道对读者产生的影响等信息，传播者无从得知。

新媒体环境下，社交平台和用户生成内容的出现彻底改变了城市形象传播的格局。社交平台成为城市形象传播的新阵地。这些平台互动性强、开放性高，使得信息传播不再是单向的推送，而是双向甚至多向的交流。城市管理者可以在社交平台上创建官方账号，发布城市形象相关的信息，如城市的政策解读、大型活动的举办信息、城市文化遗产的保护成果等。同时，公众能够通过点赞、评论、转发等操作，即时表达自己对这些信息的看法和态度。用户生成内容为城市形象传播注入了新的活力。市民和游客作为城市的体验者，他们利用手机、相机等设备从自己的视角记录城市生活的点滴，如拍摄城市街头巷尾的独特风景、记录城市传统节日的热闹场景，并将这些内容以文字、图片、视频等形式分享到社交平台上。这种UGC内容丰富了城市形象的内涵，从个体的微观视角展现了城市的面貌。例如，一位游客在旅游过程中拍摄了一段关于某城市古老街区传统手工艺品制作的视频，并分享到社交平台上，这个视频可能会吸引更多人关注该城市传统文化，为城市形象的传播提供了独特的素材。

城市管理者借助社交媒体平台开展线上活动和互动讨论，这对城市形象的塑造有着多方面的积极意义。以组织"城市印象随手拍"线上活动为例，城市管理者鼓励市民和游客用镜头捕捉城市之美，并分享自己的拍摄故事和对城市的感受。在传统传播模式下，城市形象往往是经过精心包装和筛选后的呈现，而在互动传播中，公众分享的内容涵盖了城市的各个角落、各个层面，无论是繁华的商业区还是宁静的居民区，无论是高端的现代化建筑还是传统的市井小巷，都能在公众的分享中得以展现。这使外界能够更全面、更真实地了解城市的全貌。市民在参与活动的过程中，会产生一种强烈的归属感和认同感。这种情感上的共鸣会促使市民更加积极地参与到城市的建设和发展中来，他们会以城市的主人自居，主动维护城市形象，并且更加热爱自己所生活的城市。用户成为城市品牌的传播者这一现象具有深远的价值。公众的分享和评论从不同的角度丰富了城市形象的塑造内容。不同年龄、不同职业、不同文化背景的用户所分享的内容各具特色，他们可能从美食、文化、艺术、生活方式等多个维度来诠释城市形象，这为城市形象的传播提供了丰富多样的视角，吸引了更多不同类型的受众关注城市，从而提升了城市形象传播的广度和深度。

（二）跨文化传播的灵活性

在全球化的浪潮下，城市作为一个复杂的社会经济实体，其品牌形象的跨文化传播面临着诸多严峻的挑战。不同文化背景的受众具有不同的价值观、信仰、审美观念和消费习惯等。城市品牌所蕴含的文化内涵、社会价值以及城市特色在跨文化传播过程中可能会遭遇理解上的障碍。例如，某些城市以其独特的传统祭祀仪式作为城市文化的重要组成部分进行对外宣传，但在不同文化背景的受众看来，这种祭祀仪式可能会被误解为封建迷信活动，这就导致了城市文化内涵在跨文化传播中的误读。此外，不同市场环境下的受众对信息传播方式和内容的接受程度也存在差异。一些城市在进行国际宣传时，可能会习惯使用大量华丽的辞藻和夸张的表述，但其他城市的受众却更倾向于简洁、直接且富有事实依据的宣传内容。

媒介融合为城市形象在不同文化背景和市场环境中的传播提供了多种有效的策略。其中，多语种的数字内容展示是一种重要的手段。随着互联网的普及，城市可以通过建立多语种的官方网站、社交媒体账号等方式，向国际游客展示其丰富的文化特色。例如，巴黎作为世界著名的旅游城市，其官方旅游网站提供了包括英语、法语、汉语、日语、阿拉伯语等多种语言版本的内容，涉及巴黎的历史文化遗产、时尚艺术、美食文化等各个方面的介绍。这种多语种的内容展示极大地增加了信息的可达性，使来自不同国家和地区的游客能够方便地获取自己熟悉语言的城市信息，从而增强了城市对国际游客的吸引力。同时，通过文化交流与融合，城市能够展现其文化。许多国际化大都市，如纽约、伦敦、香港等，都是多元文化交融的典范。这些城市通过举办国际文化节、艺术展览等活动，吸引来自世界各地的艺术家、文化爱好者参与，促进不同文化之间的交流与互动。在这个过程中，城市不仅展示了自身的本土文化，还吸收了其他文化的元素，形成了独特的多元文化，吸引了更多国际游客和投资者的关注。此外，媒介融合还使得城市品牌管理者能够深入分析不同市场的受众偏好，从而制定相应的传播策略。例如，一些城市可能会发现受众对美食文化和历史文化有着浓厚的兴趣，于是在传播内容上会重点突出城市的特色美食和古老的历史遗迹；而有的城市可能会更注重展示城市的现代艺术、科技创新成果以及时尚潮流元素等。

在全球化竞争日益激烈的今天，城市形象跨文化传播的灵活性对城市的发展具有不可忽视的重要意义。这种灵活性有助于提升城市的全球竞争力。在全球城市竞争的格局中，城市形象是吸引人才、资金、技术等资源的重要因素。通过灵活的跨文化传播策略，城市能够更好地向世界展示自己的优势和特色，吸引更多的国际资源流入。例如，新加坡通过积极的跨文化传播，形成了现代化、国际化、多元文化和谐共存的城市形象，吸引了大量的跨国企业在此设立总部或分支机构，吸引了世界各地的优秀人才前来工作和生活。积极的跨文化传播有助于塑造正面的城市国际形象。一个在国际上具有良好形象的城市更容易在国际事务中发挥影响力，获得更多的国际合作机会。例如，日内瓦以其和平、和谐、国际化的城市形象，成为众多国际组织的总部所在地，在国际事务协调、国际合作等方面发挥着重要的作用。

第四节　历史上的城市品牌传播策略案例分析

一、宋代临安：水运技术与商业繁荣下的城市品牌塑造

（一）背景

宋代是中国古代科技发展的一个高峰时期，水运技术有了很大的进步。

临安（今我国杭州市）作为南宋的都城，地处江南水乡，水路交通极为便利。这种地理优势与当时的水运技术相结合，为临安的发展奠定了基础。

（二）策略

1. 依托水运的商业网络构建

宋代的水运技术相较以往时期有显著的进步，这一进步在临安（杭州）的城市发展中起到了至关重要的作用。临安地处江南水乡，其水系发达，河道网络密布。先进的水运技术，如造船技术的改进、航道的疏浚与管理等，使得船只的载货量大幅增加，航行速度与安全性也得到了显著提升。这就为大规模的货物运输创造了极为有利的条件，大量的货物能够借助水运快速、高效地进出临安城。

临安城内的商业活动与水运紧密相连，形成了一套独特而高效的商业网络体系。众多的河港码头分布在河道沿岸，这些码头成为货物装卸、转运以及商人聚集的重要场所。不同类型的货物在不同码头交易有着明确的划分，例如城北运河沿线的码头，因其地理位置和水运条件的优势，成为粮食、丝绸等大宗商品交易的核心区域。

粮食作为民生之本，其交易规模巨大。临安城人口众多，对粮食的需求量极大。通过运河，来自江南各地甚至更远地区的粮食源源不断地运往城北运河沿线的市场。这里汇聚了众多的粮商，他们或是本地的囤粮大户，或是来自外地的粮商巨头。市场内粮食的种类丰富，从常见的稻米到各类杂粮应有尽有。在交易过程中，形成了一套成熟的价格体系，价格波动受到市场供求关系、季节变化以及运输成本等多种因素的影响。

丝绸则是临安城的另一大特色商品。临安所在的江南地区自古以来就是丝绸的重要产地，其丝绸制品以精美绝伦的工艺和高品质而闻名于世。城北运河沿线的丝绸市场是丝绸交易的集中地，这里汇聚了来自苏杭等地的丝绸制品。从普通的丝绸布料到精心制作的丝绸服饰、丝绸工艺品等琳琅满目。各地商人纷纷慕名而来，他们不仅将临安的丝绸运往国内其他地区，还通过海上丝绸之路等贸易通道将其出口到海外。

借助水运的便利临安吸引了来自全国各地的商人。他们或是通过运河直接将货物运抵临安，或是在临安进行货物的中转。这些商人带来了不同地区的特色商品，丰富了临安的市场供应，同时也将临安的商品带到了更多地区。临安城因此成为当时重要的商业中心，其商业影响力辐射到了周边地区乃至全国。这种商业繁荣不仅满足了本地居民日益增长的物质需求，还通过频繁的商业往来将临安的品牌形象传播到更远的地方。临安作为一个繁华商业都市的品牌形象逐渐在人们心中树立起来，成为当时商业繁荣的代名词。

2. 文化与商业的融合传播

在宋代，临安作为一个重要的商业中心，其独特的地理位置和繁荣的商业活动吸引了来自各地的商人。随着这些商人的汇聚，不同地区的文化在这里发生了深度的融合，这种文化融合与商业活动紧密结合，共同塑造了临安独特的城市品牌形象。

临安印刷的书籍通过临安的商业网络传播到全国各地。例如，南宋著名诗人陆游的诗集在临安印刷后，不仅在江南地区广泛流传，还通过商人的贩运，被带到了北方地区，甚至传播到了周边的国家。在历史书籍方面，一些关于宋代历史、前朝历史的著作也在临安印刷发行。这些书籍对于研究历史有着重要的价值，同时也通过商业渠道传播了历史文化知识。在科技方面，一些关于农业、手工业等方面的科技书籍也在临安印刷。这些书籍对于推动当时的科技发展和知识传播起到了积极的作用。

这种文化与商业的融合，使得临安以文化繁荣、商业发达的形象闻名于世。临安成为当时文化与商业的聚集地，其城市品牌形象中体现出文化内涵和商业活力，在宋代的城市格局中占据重要地位，对后世城市的发展和城市品牌的塑造也产生了深远的影响。

二、明清时期的景德镇：制瓷技术与瓷器贸易下的城市品牌塑造

（一）背景

明清时期，堪称制瓷技术的黄金时代。在这一时期，制瓷技术经过长期的积累与发展，达到了登峰造极的水平。景德镇，这座位于江西的古老城镇，凭借其得天独厚的自然条件和制瓷传统，成为中国的制瓷中心。景德镇地区瓷土资源极为丰富，其瓷土品质优良，具有高白度、高可塑性和低铁含量等特点。这种优质的瓷土为制作高品质瓷器提供了坚实的物质基础。瓷土的开采与加工在景德镇有着悠久的历史和成熟的工艺，从瓷土矿的勘探、开采到初步加工，形成了一套完整的产业链。在制瓷工艺方面，景德镇的工匠们传承并不断创新和发展制瓷技艺。他们在原料配方、成型工艺、烧制技术等各个环节都进行了深入地探索和改进。例如，在原料配方上，工匠们经过反复试验，精确调配瓷土、高岭土等原料的比例，以达到不同瓷器品种对瓷胎质地的要求。在成型工艺上，除了传统的拉坯技术不断精进外，还发展出了印坯、注浆等多种成型方法，能够制作出各种形状复杂、造型精美的瓷器。烧制技术更是景德镇制瓷工艺的核心竞争力之一，通过窑炉不断优化的结构，从传统的龙窑逐渐发展为蛋形窑等更为先进的窑炉形式，能够更好地控制烧制温度和气氛，从而烧制出质量更高的瓷器。

（二）策略

1. 精湛制瓷技术打造品牌形象

景德镇的制瓷工匠掌握了一系列先进且独特的制瓷技术，这些技术是景德镇瓷器成为品牌产品的关键因素。

青花瓷器是景德镇制瓷技术的杰出代表之一。其制作工艺复杂而精细，首先在瓷胎上用钴料绘制图案，这一绘制过程需要极高的绘画技巧。工匠们凭借精湛的手绘技艺，能够绘制出各种细腻逼真的图案，从山水人物到花鸟

鱼虫，无所不包。绘制时的笔触轻重、线条粗细都需要准确把握，以体现出图案的层次感和立体感。在色彩方面，青花瓷器以其清新淡雅的色彩而闻名于世。钴料在烧制过程中会发生奇妙的化学变化，形成独特的蓝色色调。这种蓝色既不像深沉的普鲁士蓝那样浓烈，也不像浅淡的湖蓝那样轻浮，而是一种恰到好处的淡雅之色，给人以宁静、典雅的视觉感受。同时，青花瓷器上的绘画内容往往蕴含着丰富的文化内涵，有的取材于中国古代的神话传说，如八仙过海、嫦娥奔月等，这些图案不仅起到装饰作用，更是文化的传承与表达。

粉彩瓷器则是另一种体现景德镇制瓷高超技艺的瓷器品种。粉彩的制作工艺相较于青花更为复杂，它采用了"玻璃白"打底的技术。"玻璃白"是一种含砷的白色彩料，具有乳浊效果。工匠们先在瓷器上用"玻璃白"勾勒出图案的轮廓，然后再在上面用各种彩料进行渲染。这种渲染技术使得色彩之间的过渡非常自然柔和，呈现出一种粉润娇艳的效果。粉彩瓷器的色彩丰富多样，除了常见的红、绿、黄等颜色外，还能调配出各种中间色和复色，能够绘制出极为逼真的花卉、人物形象。例如，在绘制花卉时，花瓣的颜色从花蕊到边缘有着细腻的渐变，仿佛真实花朵的色彩变化，栩栩如生。

玲珑瓷也是景德镇独树一帜的瓷器类型。玲珑瓷的独特之处在于其瓷器胎体上布满了玲珑剔透的小孔。这些小孔的制作需要极高的工艺精度。玲珑瓷的装饰效果非常独特，当光线透过这些小孔时，会产生一种晶莹剔透的美感。有的玲珑瓷还会与青花、粉彩等装饰技法相结合，如在玲珑的小孔周围绘制青花图案，或者在玲珑瓷的表面施加粉彩装饰，进一步提升了瓷器的艺术价值。

工艺精湛的景德镇瓷器精美绝伦，无论是在造型设计、装饰图案还是在色彩运用上都达到了极高的水准，具有极高的艺术价值和实用价值。这些瓷器不仅供应国内庞大的市场，还大量出口到国外。在国内，景德镇瓷器是宫廷、贵族以及富裕阶层喜爱的高档用品，也是普通百姓日常生活中的精美器物。在国外，景德镇瓷器更是备受推崇。在欧洲，从王室贵族到新兴的资产阶级，都对景德镇瓷器趋之若鹜。这些高品质的瓷器成为景德镇的品牌产品，成为中国瓷器的代名词，使景德镇在国内外享有"瓷都"的美誉。

2.瓷器贸易带动城市知名度提升

明清时期，景德镇的瓷器贸易极为繁荣，其贸易网络遍布全国各地乃至世界各地，繁荣的瓷器贸易对景德镇城市知名度的提升起到了不可估量的作用。

在国内，景德镇的瓷器通过陆路和水路两种运输方式运往各地。陆路运输方面，景德镇周边有发达的陆路交通网络，瓷器被装载在马车或人力担运的货担上，沿着古老的驿道运往周边省份，如安徽、浙江等地。这些瓷器在当地市场上销售，满足了当地居民对于高品质瓷器的需求，同时也让更多人见证了景德镇瓷器的精美。

水路运输是景德镇瓷器运输的主要方式。沿着长江这条黄金水道，景德镇的瓷器顺流而下，运往长江中下游的各个城市。长江沿线的南京、扬州、苏州等城市都是景德镇瓷器的重要销售地。在这些城市的商业市场中，景德镇瓷器占据着重要的份额。此外，通过大运河这一人工运河的水系网络，景德镇瓷器可以北上运往北京等北方城市。在北京，景德镇瓷器成为宫廷和达官贵人喜爱的奢侈品，其精美的工艺和独特的艺术风格深受宫廷文化的影响，同时也反过来影响了宫廷瓷器的审美标准。

沿着长江到达沿海港口后，景德镇瓷器被装上商船，运往世界各地。在亚洲地区，景德镇瓷器出口到日本、朝鲜、东南亚等国家和地区。在日本，景德镇瓷器对日本的陶瓷文化产生了深远的影响，日本的陶瓷工匠们借鉴景德镇瓷器的制作工艺和装饰风格，发展出了具有日本特色的陶瓷文化。在欧洲，景德镇瓷器的传入引发了一场"瓷器热"。从葡萄牙、西班牙的航海探险家首次将景德镇瓷器带回欧洲开始，景德镇瓷器便成为欧洲贵族们喜爱的商品。商人们通过海上丝绸之路，将景德镇瓷器运往欧洲的各个港口，如荷兰的阿姆斯特丹、英国的伦敦等。在欧洲的宫廷和贵族社交场合中，拥有景德镇瓷器成为身份和地位的象征。

瓷器贸易的繁荣使得景德镇成为一个举世闻名的城市。各地商人云集景德镇，形成了庞大而活跃的商业群体。这些商人来自不同的地区，有着不同的文化背景和商业习惯。他们在景德镇购买瓷器的同时，也带来了不同地区的文化和信息。例如，来自阿拉伯地区的商人可能带来了中东地区的装饰艺术风格和文化传统，这些元素在一定程度上影响了景德镇瓷器的装饰图案和造型设计；来自欧洲的商人则带来了西方的审美观念和市场需求信息，促使景德镇的工匠们根据国外市场的需求调整瓷器的生产。

景德镇的瓷器窑厂、瓷器市场等成为城市的标志性景观。窑厂林立是景德镇的一大特色，这些窑厂规模大小不一，有的是家庭式的小窑厂，有的则是大型的官窑厂。窑厂的烟囱冒着袅袅青烟，窑炉内火焰熊熊，工匠们忙碌地制作和烧制瓷器，这种场景充满了生机与活力。瓷器市场则是热闹非凡，来自各地的瓷器摆满了摊位，从精美的高档瓷器到普通的民用瓷器应有尽有。这些标志性景观进一步强化了景德镇作为制瓷中心的城市品牌形象，使景德镇成为一个与瓷器紧密相连、在世界范围内具有极高知名度的城市。

三、晚清时期的上海：近代工业技术与对外贸易下的城市品牌转型

（一）背景

晚清时期，中国面临着前所未有的大变局。西方列强凭借坚船利炮叩开了中国的大门，在这一过程中，西方近代工业技术开始传入中国。上海，凭借其独特的地理位置和历史机缘，成为最早开埠通商的城市之一，进而成为中外经济、文化交流的前沿阵地。

从地理位置上看，上海位于长江入海口，是中国东部沿海的重要港口城市。其拥有优良的天然港湾，这使其成为海上贸易的理想之地。在晚清以前，

上海已经是一个商业较为发达的地区，有着活跃的国内贸易网络，主要经营丝绸、茶叶、棉布等传统商品。然而，随着西方列强的入侵，上海的角色发生了根本性的转变。

（二）策略

1. 近代工业发展塑造新的城市形象

上海在晚清时期积极引进西方的近代工业技术，众多工厂建立，其中纺织厂和造船厂等具有代表性的工厂，深刻地改变了上海的产业结构，推动上海从传统商业城市逐步向工业城市转型。

纺织业是上海近代工业发展中的重要组成部分。在西方纺织技术传入之前，中国的纺织业主要以传统的手工纺织为主，生产效率低下，产品质量参差不齐。西方纺织技术的引入，带来了机械化的纺织设备，如珍妮纺纱机、水力织布机等。上海建立的纺织厂开始大规模采用这些先进设备，大大提高了纺织生产的效率。例如，一些纺织厂引进了英国的纺织机器，这些机器能够实现纱线的快速纺制和布匹的高效织造。纺织厂的规模也不断扩大，从最初的小型作坊式工厂逐渐发展为大型的现代化工厂。这些纺织厂不仅生产普通的棉布，还开始生产丝绸、呢绒等纺织品。

造船厂的建立也是上海近代工业发展的重要标志。上海的江南制造总局是中国近代最大的军事工业企业之一，它在造船领域发挥着举足轻重的作用。江南制造总局在引进西方造船技术方面作出了巨大努力。西方的造船技术涵盖了船舶设计、钢铁冶炼、机械制造等多个方面。江南制造总局制造的枪炮、轮船等产品代表了当时中国工业的较高水平。例如，它制造的轮船在船体结构、动力系统等方面都达到了当时国内的领先水平，部分轮船还被用于中国的海军建设和沿海贸易运输。

这些近代工业企业的存在，对上海的城市形象产生了深远的影响。首先，它们吸引了大量的人才。来自全国各地的技术工人、工程师以及管理人才纷纷涌入上海，这些人才带来了不同地区的技术和文化，促进了上海工业技术的交流与创新。其次，资金也大量流向上海。国内外投资者看到了上海工业发展的潜力，纷纷在上海投资建厂或者参与企业的经营管理。这使上海在国内工业发达的形象逐渐深入人心，成为中国近代工业发展的重要引擎。

2. 开埠通商与多元文化融合的城市品牌特色

上海开埠通商后，其城市格局发生了巨大的变化，特殊的历史背景使得上海融合了多种西方文化元素，形成了独特的城市建筑风格和商业业态，从而塑造了充满现代气息、国际化的城市品牌形象。

随着开埠通商，上海的商业更加繁荣，出现了许多新型的商业业态，其中百货公司的出现具有重要意义。百货公司如先施公司、永安公司等，它们引进了大量的外国商品，涵盖了服装、化妆品、食品、家居用品等各个品类。这些百货公司的经营理念和商业模式与传统的中国商业有着很大的区别。它们采用了现代的商品陈列方式，将商品按照种类、品牌等分别陈列，方便顾客选购。同时，百货公司还提供了舒适的购物环境，设有休息区、试衣间等设施。这些百货公司满足了不同阶层消费者的需求，百货公司提供了购买高档进口商品的场所。同时也能在这里购买到一些价格相对实惠的外国商品或者具有西方风格的商品。

上海的开埠通商和多元文化融合，使其在国内外的知名度迅速提升。在国内，上海成为人们向往的现代化都市，吸引了大量的人口流入，包括寻求发展机会的年轻人、商人以及文化人士。在国外，上海被视为东方的巴黎或者东方的纽约，成为世界了解中国的重要窗口。这种独特的城市品牌形象，使得上海在晚清时期成为一个充满魅力、具有独特文化魅力和经济活力的国际化城市。

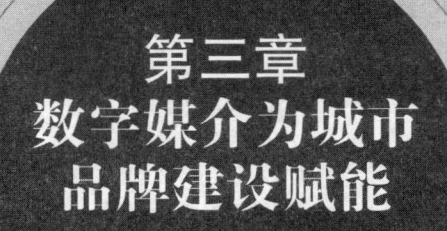

第三章
数字媒介为城市品牌建设赋能

第一节　数字媒介的特性分析

一、传播内容海量

（一）信息生产的爆发式增长

在数字媒体时代传播内容数量巨大。这首先源于数字技术对信息生产方式的变革。数字技术的进步极大地降低了信息生产的门槛，使得几乎任何人都能够成为信息的生产者。传统媒体时代，信息的生产主要集中在专业的媒体机构，如报社、电视台等，这些机构在设备、人员、技术等方面存在较高的准入壁垒。然而，随着数字媒体的发展，智能手机、电脑等设备的普及，以及各种简单易用的内容创作工具（如短视频制作软件、图文编辑工具等）的出现，个体内容创作者如雨后春笋般涌现。例如，在城市品牌建设领域，一个普通市民可以轻松地使用手机拍摄城市的美景、记录城市的文化活动，然后通过社交媒体平台分享出去。这种个体创作者的大量参与使得信息生产呈现出爆发式增长。据统计，仅在短视频平台上，每天就有海量的与城市相关的视频被上传，内容涉及城市的美食、旅游景点、民俗文化等各个方面。

（二）信息存储与传播成本低

数字技术的发展还使得信息的存储与传播成本显著降低。在传统媒体时代，信息的存储依赖于纸张、磁带、胶片等介质，这些介质不仅存储容量有限，而且成本高昂。而在数字媒体环境下，信息以数字信号的形式存储在服务器、硬盘等设备中，存储容量巨大且成本极低。以云存储服务为例，企业和个人可以以极低的价格租用大量的存储空间来存储各种信息。在传播方面，互联网的广泛覆盖以及高速宽带的普及，使得信息能够以极低的成本快速传播到全球各地。这就为海量信息的传播提供了基础。在城市品牌传播中，城市的宣传部门可以将制作精良的城市形象宣传片、宣传资料等存储在云端，并通过各种网络平台进行广泛传播，几乎不需要考虑传统媒体时代的发行成本。

（三）信息过载与筛选挑战

海量的信息虽然使用户可以以低成本获取更多信息，但也带来了严重的信息过载问题。在城市品牌建设方面，这一问题尤为突出。一方面，城市品牌相关的信息来源众多，包括官方宣传渠道、自媒体、旅游平台、文化机构等，这些渠道每天都会产生大量的关于城市的文字、图片、视频等信息。另一方面，用户在面对如此海量的信息时，往往会感到无所适从，难以筛选出真正有价值的城市品牌信息。例如，当用户想要了解一个城市的旅游景点时，在搜索引擎中输入关键词，可能会得到数以万计的搜索结果，这些结果的质量和相关性参差不齐。这就要求城市品牌的传播者在制定传播策略时，要充分考虑如何帮助用户在信息海洋中快速定位到关键信息。可以通过优化信息结构、提高信息的针对性和独特性等方式来应对这一挑战。

二、传统单向传播模式的颠覆

数字媒体的传播渠道呈现出交互化的特征，这彻底颠覆了传统的单向传播模式。传统媒体，如报纸、广播和电视，主要采用的是一种自上而下的单向传播方式，信息从传播者流向受众，受众在传播过程中处于相对被动的接收状态。然而，数字媒体的出现改变了这一格局。

在数字媒体环境下，社交媒体、博客、视频平台等新兴传播渠道赋予了用户极大的参与权。用户不再仅仅是信息的接收者，他们可以通过评论、分享、转发、创作等方式积极参与到信息的传播过程中。例如，在城市品牌传播中，当城市举办一场大型文化活动时，官方媒体发布活动信息后，社交媒体上的用户可以即时发表自己的看法、分享自己在活动中的照片和视频，并且这些用户生成的内容（UGC）会进一步传播给更多的人，此时，用户不只是信息的接收者也是传播者和生产者。

三、算法推荐与个性化内容体验

算法推荐在为用户提供个性化信息方面发挥着关键作用。算法推荐系统通过分析用户的行为数据，构建用户画像，从而实现精准的内容推荐。在城市品牌传播中，算法推荐可以帮助城市品牌更好地满足不同用户的需求。例如，对于一个计划到某个城市旅游的游客来说，他可能会在旅游平台上浏览城市的旅游景点、酒店、交通等信息。算法会根据他的浏览行为，为他推荐合适的旅游线路、特色酒店以及当地的小众景点等个性化信息。这种个性化的内容体验不仅提高了用户获取信息的效率，也增强了用户对城市品牌的好感度。

四、传播效果评估智能化

随着人工智能和大数据技术的发展，传播效果监测的智能化成为数字媒体的又一重要特性。在城市品牌传播中，人工智能和大数据技术为传播效果的监测提供了强大的工具。通过收集和分析大量的用户数据，如点击率、阅读量、评论数、分享数等，城市品牌可以实时了解品牌活动的影响力和用户反映。例如，利用大数据分析技术，可以对城市品牌在社交媒体上的传播数据进行深度挖掘。可以分析出哪些城市品牌内容最受用户欢迎，哪些内容引发了用户的负面反应，以及不同地区、不同年龄段的用户对城市品牌的喜爱程度等。同时，人工智能技术可以对这些数据进行自动分类和分析，生成可视化的报告，为城市品牌传播者提供直观的决策依据。

这种智能化的传播效果评估具有诸多优势。首先，它提高了品牌策略的灵活性。传统的传播效果评估往往具有滞后性，需要较长的时间才能得到结果，而且结果往往不够全面和准确。而智能化的评估可以实时进行，城市品牌传播者可以根据实时的评估结果及时调整传播策略。例如，如果发现某个

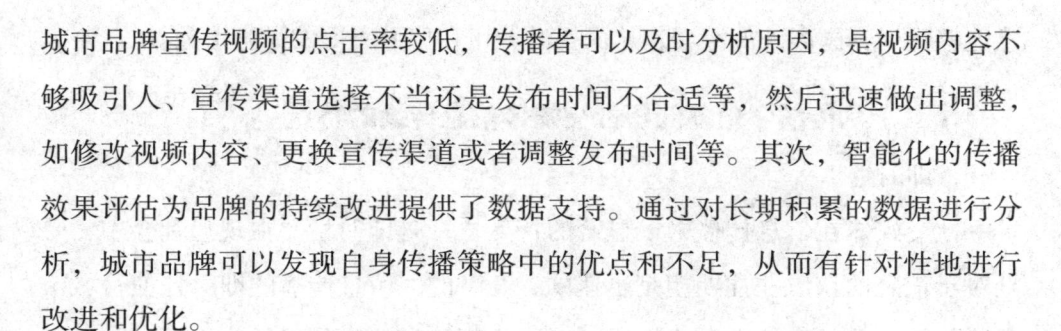

城市品牌宣传视频的点击率较低，传播者可以及时分析原因，是视频内容不够吸引人、宣传渠道选择不当还是发布时间不合适等，然后迅速做出调整，如修改视频内容、更换宣传渠道或者调整发布时间等。其次，智能化的传播效果评估为品牌的持续改进提供了数据支持。通过对长期积累的数据进行分析，城市品牌可以发现自身传播策略中的优点和不足，从而有针对性地进行改进和优化。

第二节　数字媒介在城市品牌传播中的角色与功能

一、信息传播平台

随着数字技术的迅猛发展，数字媒介已经深度融入人们的日常生活，像微博、微信这类社交媒体平台汇聚了海量的用户群体。这一庞大的用户基数为城市品牌相关信息的传播奠定了坚实的基础，使其具备了将城市品牌信息向全球范围快速扩散的潜力。

（一）城市品牌信息传播的具体内容

城市品牌的管理者借助社交媒体这一强大工具，可以广泛传播各类与城市品牌紧密相关的信息。其中涵盖城市的旅游景点信息，例如著名的历史古迹、自然景观等；文化活动资讯，像各类艺术展览、音乐节等；以及经济发展成果，包括新兴产业的崛起、重大商业项目的落成等。例如，城市旅游部门在微博平台上发布新开发的旅游线路时，会详细介绍线路的行程安排、沿途的特色景点以及独特的旅游体验。在宣传特色美食节时，会列举出美食节上的特色美食、举办的时间地点以及参与美食节的知名商家等信息，这些信息能够吸引到国内外的游客，从而提升城市在旅游方面的品牌形象。

（二）从传播学角度剖析社交媒体信息传播的特点

1. 即时性

社交媒体在信息传播中最显著的特点之一是即时性。在现代社会中，受众对于信息的获取往往期望是迅速的、及时的。信息传播的即时性使得城市品牌能够在营销事件发生后短时间内将最新动态信息传播给广大受众。通过社交媒体，品牌可以有效地抓住瞬息万变的市场机会，在适当的时机发布信息，以达到最大的传播效果。例如，当一个城市举办一场国际知名艺术家表演时，现场观众可以立即通过社交媒体发布相关的图片和视频，传播现场活动的盛况和氛围。这种即时性传播不仅能吸引更多周边的人前来观看，还能够通过社交媒体的广泛传播，让城市品牌在短时间内获得更多的曝光率。在信息爆炸的时代，受众往往更关注新鲜、即时的资讯，因此，城市品牌的传播者必须快速响应，利用社交媒体的即时性，以便迅速抓住受众的注意力，提升城市品牌的影响力。此外，即时性传播还为城市品牌创造了快速反馈的机会。品牌方可以即时了解到受众对某一信息的反应，无论是点赞、评论还是分享，这些反馈都能为后续的城市品牌传播策略提供数据支持。

2. 广泛性

社交媒体传播的广泛性在城市品牌推广方面具有不可忽视的作用。传统媒体的传播往往受到地域限制，城市品牌的推广也受到地域限制，然而社交媒体的出现打破了这种局限，使得城市品牌能够跨越地理障碍，覆盖更广泛的受众群体。无论是繁华的大都市还是偏远的小城市，只要借助社交媒体，城市品牌都能够在更大范围内被推广。这一广泛性使得城市品牌能够吸引来自不同背景的用户。本地居民能够通过社交媒体加深对自己城市品牌的理解与认同，而全球范围内的潜在游客也能够通过城市品牌的传播内容了解该城市的特色。例如，一个位于偏远山区但拥有独特自然风光的城市，利用社交媒体平台发布精美的风景图片和引人入胜的旅游攻略，就能够成功吸引远在大洋彼岸的游客。

社交媒体的广泛性还促进了信息传播的多元化。通过社交媒体平台，城市品牌能够与有不同的文化背景和兴趣爱好的受众建立联系。受众在参与品牌传播的过程中，不仅可以获取信息，还可以分享他们的观点和体验。

二、互动交流平台

（一）社交媒体打破传统传播模式构建互动交流空间

社交媒体的出现为城市品牌的传播带来了革命性的变化，构建了一个全新的互动交流空间。这一空间的形成不仅打破了传统媒体单向传播的固有模式，也为城市品牌的利益相关者之间建立了多维度的交流渠道。在传统媒体环境下，信息主要是从传播者流向受众，受众处于被动接受的地位，几乎没有机会参与到信息的生成中。这种单向传播模式导致了信息的稀缺与传播的不对称，用户的声音常常被忽视，城市品牌的传播效果也因此受到影响。

社交媒体的兴起彻底改变了这一状况。交互性使用户在信息传播过程中有了更多的主动性和参与感。在城市品牌信息传播过程中，用户不仅是信息的接收者，还是信息传播的参与者和创造者。

当城市旅游部门发布一条关于旅游景点的信息时，受众可以通过评论区分享自己的看法、提出疑问或交流经验。这种互动不仅让用户感到被重视，还能够提高其他用户的参与热情，形成良性的讨论氛围。此外，用户在社交媒体上的分享和转发功能，使得信息能够在用户的社交网络中迅速扩散，形成一种连锁反应。用户的分享行为不仅能够直接提高品牌的曝光率，还能通过用户的推荐提升信息的可信度。这种交互性还使得品牌能够获取实时的反馈和市场洞察。当用户在评论区表达看法时，品牌方能够迅速掌握用户的需求和期望，从而优化品牌传播策略。例如，用户对于某一景点的高度期待可能促使品牌对该景点加强宣传，而用户的负面反馈则能够提醒城市在服务或体验上进行改进。

现在，城市品牌的利益相关者，包括居民、游客、企业等，都能够在这个互动交流空间中积极参与信息的创造与传播。社交媒体平台如微博、微信等，允许用户随时发布内容、发表评论以及进行分享。这种双向甚至多向的交流方式赋予了受众更大的参与权，增强了他们对城市品牌的认同感和归属感。通过社交媒体，城市品牌能够更加及时地获取来自不同利益相关者的反馈和建议。品牌方不再是信息的单一传播者，而是一个活跃的参与者。在这种新型的传播模式中，信息的传播更加迅速、灵活，城市品牌能够在快速变化的市场环境中保持竞争力。社交平台使得城市品牌能够更深入地理解受众的需求与期望，从而实现品牌传播和城市发展的更好契合。这种双向互动不仅提升了品牌形象，也为城市的可持续发展奠定了基础。

（二）互动交流的具体内容

社交媒体为城市品牌与利益相关者之间的互动提供了多种形式，这些具体形式的出现，丰富了城市品牌传播的内容和方式，增强了用户的参与感。

1. 政府与居民的互动

政府作为城市品牌管理的主体，可以在社交媒体上发起关于城市规划的讨论话题。这一形式使得政府能够详细阐述规划的初步设想、目标以及可能带来的影响等内容，广泛征求居民的意见和建议。通过发布相关信息、图文并茂的帖子，政府可以吸引居民关注，并邀请他们参与讨论。居民们可以根据自己的生活体验和对城市未来的期望，提出各种各样的看法，这些看法可能涉及交通规划、公共设施布局、环境保护等多个与城市发展息息相关的领域。互动形式不仅增加了居民对城市发展的参与感，也使得政府在制定政策时能够更好地考虑民众的意见，推动城市的可持续发展。此外，城市政府还可以定期举办在线问答活动，邀请相关领域的专家解答居民提出的问题，从而增加居民的参与感和归属感。

2. 游客之间的交流

游客在旅游相关的社交媒体群组中分享自己的旅游体验，形成了一种新的信息交流方式。在这种互动环境中，游客会详细描述旅游过程中的所见所闻，包括景点的实际情况、当地的风土人情、旅游服务的质量等。这些分享不仅能够帮助其他游客获取第一手的信息，还能激发他们对目的地的兴趣。其他游客在看到这些分享后，能够积极参与讨论，交流自己的心得与经验。这种互动不仅促进了信息的传播，也丰富了旅游者之间的情感连接。例如，一位游客可能分享了自己在某个景点的独特体验，其他游客可以根据这些信息提供自己的看法，分享相似景点的不同体验，或提供一些旅游过程中的小技巧，如最佳游玩时间、注意事项等。此外，社交媒体的分享功能使得这些信息能够迅速扩散，形成一种连锁反应，让更多原本没有接触到这条信息的人了解到城市品牌相关的资讯。

三、城市文化展示窗口

（一）社交媒体作为城市文化展示窗口的重要性

在当今信息化的时代，城市文化作为城市品牌的核心要素，蕴含着丰富的内涵，包括历史悠久的历史文化、独具特色的民俗文化以及充满活力的现代文化等多个方面。这些文化元素不仅塑造了城市的个性，也影响着外界对该城市的认知与印象。

社交媒体以其多样化的展示形式和广泛的传播能力，为城市文化的全方位展示提供了平台。通过社交媒体，城市品牌能够直接面向全球受众，快速传播城市文化信息。这一特点使得城市能够在瞬息万变的环境中脱颖而出，吸引更多人的关注与参与。例如，城市管理者和文化组织可以通过社交媒体发布有关地方节庆、历史遗址、文化活动等信息，生动地展示城市的文化魅力。同时，社交媒体的互动性也使得受众能够参与到文化的传播中来，他们可以分享自己的体验与看法，从而形成文化交流。通过这种方式，社交媒体成为文化传播的渠道，使得城市文化能够更为广泛和深入地传播。此外，社交媒体的传播特性也让城市文化能够与时俱进，不断更新和丰富。在社交媒体平台上，城市文化的展现不仅限于静态的信息传播，还可以通过实时动态、短视频、直播等多种形式呈现。这种灵活的表现手法能够有效地吸引受众的注意力，并增强他们的参与感和认同感。社交媒体作为城市文化展示窗口的重要性，不仅体现在信息传播的广度上，更在于它能够创造出独特的文化体验和互动，促进城市文化的持续发展和传承。

（二）社交媒体上城市文化展示的形式

社交媒体为城市文化的展示提供了丰富多样的形式，如图片、视频、故事等，使得城市品牌能够通过多元化的方式展示其独特的文化魅力。这些展示形式不仅生动有趣，更能有效传达文化内涵，增强受众的文化认同感。以抖音为例，这一短视频平台上的一些用户热衷于拍摄自己所在城市的传统民俗活动。他们通过精心拍摄和剪辑视频，将舞龙舞狮表演中的精彩瞬间、庙会的热闹场景等以短视频的形式呈现出来。这些短视频不仅能够生动地展示民俗活动的形式和内容，还能够传递出其中蕴含的文化内涵。比如，舞龙舞狮表演通常象征着驱邪避灾、祈福纳祥，而庙会背后的民俗传统则展示了城市丰富的文化内涵和居民对传统习俗的传承。这种视频展示形式具有很强的感染力，能够吸引用户的观看和分享。在短视频的传播过程中，用户不仅可以欣赏到美丽的画面和生动的表演，更能通过评论、点赞和分享的互动，参与到文化传播活动中来。这种参与不仅增强了用户对城市文化的认知，也提升了他们的归属感和自豪感。

除了短视频，社交媒体还为城市文化的展示提供了多种其他形式，如图片分享、直播互动和故事叙述等。例如，通过小红书等平台，城市品牌可以发布精美的城市风景和文化活动的图片，让用户感受到城市的魅力。小红书作为一个以分享生活方式为主的社交平台，用户可以通过图片和文字记录和分享他们的旅行体验、美食推荐和文化活动。城市品牌可以利用这个平台展示城市的独特风光和文化氛围，吸引更多用户的关注与参与。而通过直播功能，城市文化活动的实时展示可以让更多用户身临其境地感受到文化活动的热烈氛围。

（三）社交媒体平台对文化展示的意义

1. 传承城市文化

从文化学的角度来看，社交媒体的这种文化展示功能对城市文化的传承有着重要意义。当城市文化通过社交媒体被广泛传播时，更多的人能够了解和认识到城市文化的独特之处。这种广泛的认知能够激发人们对城市文化的兴趣和热爱，尤其是年轻一代。例如，当年轻人在社交媒体上看到自己家乡古老的手工艺制作视频时，可能会对这一传统技艺产生浓厚的兴趣，进而去学习和传承这一技艺。这样一来，城市文化在新一代人的传承下得以延续，保持其生命力。

2. 创新城市文化

社交媒体为城市文化的创新提供了机遇。在社交媒体平台上，不同文化之间相互交流和碰撞。例如，一个国际化大都市的现代文化与其他国家城市的文化在社交媒体上进行交流时，可能会吸纳其他文化，如艺术表现形式、文化创意理念等。这些新元素融入本地城市文化中，为城市文化的创新提供了灵感和动力。城市文化在不断创新的过程中，能够保持与时俱进的活力，进一步提升城市品牌的价值。

3. 提升城市品牌价值

城市文化的展示能够吸引更多的游客和投资，这对于提升城市品牌价值具有直接的推动作用。当一个城市的独特文化在社交媒体平台上得到广泛传播后，会吸引大量游客前来体验这种文化魅力。游客的到来不仅会带动当地旅游经济的发展，还会在一定程度上提升城市的知名度和美誉度。此外，独特的城市文化也会吸引投资者的目光，他们可能会看到城市文化背后所蕴含的商业潜力和发展机遇，从而选择在这个城市进行投资。这种对游客和资本的吸引有助于提升城市品牌在经济、文化等多个维度的价值。

第三节　数字化与城市品牌传播策略

数字化时代，传统媒体的局限性日益显露。数字媒体通过多种内容格式的结合，极大地丰富了信息传播的方式，提升了城市品牌宣传的效果。具体而言，数字媒体能够利用图表信息、视频短片、动画和互动内容等多样化的表现手法，以适应不同受众的兴趣和消费习惯。例如，在短视频平台如抖音和快手上，城市品牌可以通过精美的短视频展示城市的历史、文化和独特景点。这种方式不仅能够吸引观众的目光，还能让受众在轻松愉悦的氛围中接受品牌信息。短视频的长度通常较短，内容精炼，能够迅速抓住观众的注意力，并通过社交平台使观众进行参与和分享。根据多项研究的数据分析，图像和视频内容的互动性与吸引力远高于传统文本信息，这表明受众对视觉信息的反应更为积极，这种视觉化的传播策略使得城市品牌能够在激烈的市场竞争中脱颖而出。更为重要的是，这种内容形式的创新能够有效增强品牌与用户之间的情感连接。通过将文化故事和城市特色以生动的方式呈现，品牌能够在潜在客户心中树立更深刻的城市品牌形象。

一、传播网络的构建

利用数字平台的传播城市品牌是提升品牌价值与影响力的重要手段。这一策略不仅有助于提升品牌的市场竞争力，也能在信息传播的效率和传播范围上实现质的飞跃。

（一）多渠道传播的优势

随着互联网技术的快速发展，城市品牌能够通过电商平台、社交媒体、移动应用等多个渠道传播城市品牌形成一个广泛的传播网络。这种多渠道传播模式能够覆盖更大的受众群体，提升品牌的曝光率和影响力，进而实现更高效的市场渗透。具体而言，各个渠道的互补性使得城市品牌在传播信息时能够针对不同用户的需求，提供个性化和多样化的内容，从而吸引更广泛的受众。

在社交媒体平台上，城市品牌可以及时分享城市活动、文化节庆、旅游景点等信息，营造生动的品牌形象。例如，通过实时发布活动动态和用户互动，品牌能够快速提升知名度并吸引更多用户的参与。同时，利用电商平台的强大用户基础和数据分析能力，城市品牌可以有效推广地方特产，实现从品牌宣传到产品销售的无缝连接。此外，多渠道传播还能够提高品牌信息的传播效率。研究显示，通过多种渠道并行传播，品牌信息的覆盖率和传播速度显著提升。品牌可以针对不同的受众群体，利用不同平台的特点进行差异化传播。

（二）合作模式的创新

在这一传播网络中，城市品牌与不同数字平台的合作模式日益多样化。通过与电商平台的深度合作，城市品牌不仅能够推动地方特产的销售，还能充分利用平台的用户基础进行品牌推广。这种合作模式的创新，使城市品牌能够借助数字平台的流量和资源，提升品牌的市场竞争力。例如，某城市与大型电商平台合作，推出"地方特产节"，在节日期间进行限时促销，这一举措有效地吸引了大量消费者参与，提升了品牌的商业价值。

品牌与数字平台的合作模式还包括联合营销、跨界合作等多种形式。通过共同策划活动，品牌与平台能够实现资源的有效整合，形成协同效应。比如，城市品牌可以与旅游平台合作，推出城市探索活动，鼓励用户在电商平台购买地方特产的同时，参与到城市的文化体验中来。这种跨界合作不仅丰富了品牌的传播内容，还能通过整合各方资源，提升品牌的影响力。更进一步，通过建立长期的战略合作关系，城市品牌能够在数字平台上输出稳定的品牌形象以此提高市场认知。品牌可以与平台共同开展品牌故事传播、文化活动推广等多项合作，持续维护品牌与用户之间的互动关系。这种长期的合作能够为品牌的可持续发展打下坚实的基础。

二、精准营销的实现

（一）用户行为分析的重要性

数字平台的整合为城市品牌提供了前所未有的机会，使其能够收集大量用户行为数据。这些数据包括用户在社交媒体上的互动行为、消费习惯、兴趣偏好等，品牌通过这些信息能够深入了解用户的需求和期望。这种用户行为分析的重要性体现在多个方面，首先，它能够帮助品牌识别目标受众，精准定位市场。例如，通过分析社交媒体上的点赞、评论和分享行为，品牌可以清楚地识别哪些活动或内容更能吸引受众的注意。

1. 挖掘用户的潜在需求

城市品牌可以利用人工智能和数据分析工具，对用户的行为模式进行深入分析，从而发现隐藏在其行为趋势和潜在的市场机会。这种精准的市场洞察为品牌调整和优化营销策略提供了有力支持。例如，如果数据分析显示用户对某类文化活动的参与热情高，品牌可以有针对性地增加此类活动的宣传力度，甚至推出相关的促销活动，以最大化吸引目标受众的兴趣。

2. 帮助城市品牌进行市场细分

通过将用户群体按照不同的行为特征和偏好进行划分，品牌能够制定更为个性化的营销方案，以满足不同细分市场的需求。这种市场细分能增强用户的品牌忠诚度，因为用户感受到品牌在关注和理解他们的需求，进而增加与品牌的互动和参与。

（二）营销效果的实时监测

使用数字平台进行城市品牌营销活动能够实时监测营销效果，这一能力是传统营销手段所无法比拟的。品牌可以通过分析不同渠道的数据，快速调整营销策略，以优化在不同渠道上的营销投入。通过实时数据分析，品牌可以掌握各类营销活动的表现情况，了解哪些内容和渠道在实际推广中最为有效。

实时监测不仅提升了品牌对市场变化的敏感度，还使品牌能够快速响应用户反馈。例如，当某项活动的参与率低于预期时，品牌可以迅速分析原因，是否是内容不够吸引、宣传渠道不当，或是用户对活动的认知不足。这种快速调整的能力能够有效降低品牌在市场营销上的风险，同时提高品牌的市场适应性，使品牌能够在瞬息万变的市场环境中保持竞争力。

更重要的是，实时监测还能够帮助品牌制定长期的战略规划。通过历史数据和实时数据分析，品牌可以识别出长期趋势和市场机会，从而为未来的营销决策提供依据。这种数据驱动的决策方式不仅提高了品牌营销的效率，还增强了品牌的创新能力和市场反应能力。

三、新的价值链的形成

城市品牌与数字平台的深度整合，不仅优化了品牌传播渠道，还创造了新的价值链，推动了经济的多元化发展。

（一）实现协同效应

数字平台的多功能性使城市品牌能够在品牌传播、产品销售和用户服务等多个方面实现协同效应。不仅提高了品牌的市场竞争力，还为城市带来经济增长，从而促进了城市的整体发展。通过整合不同的数字平台，城市品牌可以在信息传播的同时增强产品销售的有效性，并提升用户服务质量。例如，某城市将文化旅游与在线购物相结合，在旅游过程中，游客不仅能够享受到丰富的文化活动和美丽的城市风景，还可以方便地购买地方特产和手工艺品。这种便捷的购物体验大幅提升了游客的满意度，也激发了他们的消费欲望。研究表明，当旅游与购物有效结合时，游客的消费意愿显著提高，进而推动了旅游业和商业之间的相互促进。这种经济循环的实现不仅为城市带来了直接的经济收益，还增强了品牌的市场影响力，进一步提升了城市的整体吸引力。

协同效应还体现在城市品牌能够通过数字平台收集用户反馈，快速调整产品和服务，以更好地满足市场需求。通过这种灵活的运营模式，品牌能够不断创新和优化，提高市场适应性。这种基于数据的决策机制，使城市品牌在激烈的市场竞争中保持了强大的竞争优势，为城市的经济发展注入了新的活力。

（二）为城市经济发展提供支持

数字平台为城市的经济多元化发展提供了重要支持。通过拓宽品牌传播渠道，城市品牌能够吸引更多的投资和消费，促进地方经济的多元化发展。这种多元化不仅体现在经济结构的丰富性上，还体现在市场机会的拓展上。例如，某城市利用数字平台，开展线上文创产品展销，成功提升了地方文创产品的知名度。这种线上展销活动不仅吸引了大量消费者参与，也为地方艺术家和手工艺人提供了展示和销售的平台，从而推动了地方文化产业的发展。这一举措不仅激活了当地经济，还提升了城市品牌的文化价值和社会影响力。通过数字平台的推广，城市品牌能够将地方特产、旅游资源和文化活动有效结合，为地方经济的可持续增长提供动力。随着地方特产的知名度提升，相关产业链（如物流、市场营销等）也会随之发展，形成良好的经济生态。

（三）品牌生态系统的构建

数字平台的发展还推动了品牌生态系统的构建。这种生态系统的形成，使城市品牌能够与其他品牌和商家建立紧密的合作关系，通过资源共享、优势互补实现共同发展。品牌生态系统不仅增强了品牌的市场竞争力，也为城市经济的可持续发展奠定了基础。在这种生态系统中，各品牌之间的合作不仅限于简单的交易关系，而是通过共建品牌故事、共享客户资源和共同策划活动，形成深层次的合作关系。例如，城市品牌可以与本地商家、旅游公司和文化机构形成联盟，共同策划文化节庆活动和市场推广活动，吸引游客和消费者参与。这种合作模式能够有效提升品牌的市场覆盖率，增加品牌的曝光率，使各参与方的市场地位得到提升。

品牌生态系统的构建也促进了信息的快速流动和创新的产生。在这个系统中，各品牌之间的协作可以带来新的商业模式和服务理念，通过创新推动市场的不断发展。研究显示，强大的品牌生态系统能够提升品牌的竞争力，使品牌在面对市场变化时能够快速反应，适应新形势。

四、城市文化与身份的数字化呈现

（一）文化传承与创新的数字化路径

城市文化是城市身份的重要组成部分，其数字化呈现为文化的传承与创新提供了新途径。在数字化时代，技术的进步使得城市文化传播方式日益多样化，特别是虚拟现实（VR）和增强现实（AR）等技术的应用。这些技术不仅提升了文化体验的沉浸感，也改变了用户触达文化内容的方式。用户可以通过VR技术在数字博物馆中进行虚拟游览，深入体验历史遗迹的细节及其文化内涵，从而更全面地理解城市的历史背景和文化氛围。通过数字化展示，城市文化不仅能够被保存和传承，还能在创新中不断发展。例如，某城市的数字博物馆利用AR技术，允许用户在参观时通过手机扫描展品获取丰富的背景信息和互动内容。这种方式不仅增强了用户的参与感，还使得文化内容的传播更加生动有趣。此外，城市的传统节庆、民俗活动等也能通过短视频、直播等形式进行传播，进一步增加文化的传播范围和影响力。

这种互动性不仅丰富了用户文化体验，也让用户在享受文化的同时感受到与城市之间的紧密联系。例如，某城市的数字博物馆通过线上展览展示历史文物，结合互动游戏提升了游客的参与体验。用户可以通过扫描二维码获取更多展品信息，参与在线问答，从而增加与文化内容的互动性。这种沉浸式体验让用户不仅仅是文化的消费者，更是文化的传播者和参与者。通过主动分享他们的体验和看法，用户在社交媒体上发声，为城市文化的传播注入了更多的活力。这种互动方式还可以通过用户生成内容（UGC）进一步扩大文化的传播范围，形成良性的传播循环。例如，当用户在社交媒体上分享他们在数字博物馆的体验时，这种个人故事与城市文化的结合能够引发更多人对该城市文化的兴趣和探索欲望。

（二）城市身份的可视性提升

数字化呈现的方式显著增强了城市身份的可视性，并提升了公众对城市品牌文化的认知度和参与感。社交媒体和短视频平台的兴起，使得城市的文化活动、节庆和民俗能够迅速传播，吸引更广泛的受众。以抖音为例，用户通过分享城市的传统节日庆典、地方美食和特色活动，极大地丰富了城市形象的展示方式。这种视觉化传播的方式让观众能够快速获取信息，形成了对城市的第一印象，而激发了他们的探索欲望。例如，当一个城市在抖音平台上发布与当地节庆相关的短视频时，这些内容能够通过用户的转发和分享迅速扩散，吸引更多观众参与。这种现象使得城市文化得以在更广泛的受众中得到传播和认同，进而推动城市身份的构建。用户在观看这些短视频时，往往会产生共鸣，增强他们对城市文化的兴趣，并促使他们前往该城市进行实地探索。这种传播方式在潜移默化中提升了城市的知名度，也塑造了更为积极的城市形象。同时，数字化传播的多样性使得城市文化形象不再单一。通过不同形式的内容，比如直播、故事分享和用户生成的短视频，城市能够向外界展示自身的独特魅力和多元文化。

（三）互动生态系统的构建

线上活动与数字博物馆的结合，为居民和游客提供了随时随地接触城市文化资源的机会，使他们能够参与到城市文化的共创与传播中。这种互动性使得城市文化的传播不再是单向的，而是形成了一个动态的、交互式的文化生态系统。在这样的生态系统中，城市居民不仅是文化的接受者，更是文化的创造者和传播者。例如，一些城市举办"城市故事分享会"，鼓励市民在社交平台上讲述与城市相关的个人故事。这些故事通过社交媒体迅速传播，形成了一个包容的文化环境。用户生成的内容不仅丰富了城市文化的表现形式，还推动了城市身份的构建与认同。居民的参与使得城市文化变得更加生动和真实，也让每个参与者都成为城市文化的一部分。通过这种互动，城市的文化认同感得以增强，市民的归属感也随之提升。城市管理者可以利用数字平台收集用户的反馈和故事，从而更好地理解市民对城市的期待与需求。

五、城市独特性的数字化塑造

（一）强化城市独特性

城市，作为一个复杂的地域综合体，其独特性体现在其与众不同地理、历史和文化等多方面的特征之中。这些特征犹如城市的灵魂，是城市区别于其他地方的关键所在，而数字化手段则为强化和广泛传播这些独特性提供了前所未有的机遇。

从地理特征的角度来看，每座城市都占据着独特的地理位置，拥有特定的地形地貌、气候条件以及自然资源。例如，海滨城市拥有迷人的海岸线、丰富的海洋资源以及独特的海洋文化；山城则以其起伏的山峦、错落有致的建筑布局和独特的山地交通方式为特色。城市管理者可以借助数字化技术，将城市的地理风貌栩栩如生地呈现在网络平台上。无论是远方的游客还是潜在的投资者，都可以通过互联网直观地领略城市的地理之美。

城市的历史同样是城市独特性的重要组成部分。城市的历史沉淀着人类社会发展的足迹，从古老的建筑遗址到传统的民俗文化，承载着丰富的历史信息。城市管理者可以深入挖掘城市的历史档案，利用数字化的历史数据库对这些信息进行整理和分类。借助大数据分析技术，从海量的历史数据中筛选出最具代表性和吸引力的历史元素。例如，对于拥有悠久历史的古都城市，可以将古老的宫殿建筑、历史上的重大事件以及著名的历史人物作为重点宣传内容。通过制作精美的数字动画、线上历史展览以及互动式的历史体验游戏等形式，在网络上进行广泛传播。

文化更是城市独特性的精髓所在。每个城市都蕴含着独特的文化，包括语言、艺术、宗教信仰、风俗习惯等多个方面。以文化艺术为例，一些城市以独特的地方戏曲、传统手工艺或者现代艺术流派而闻名。城市管理者可以通过大数据分析，了解不同文化元素在公众中的受欢迎程度和传播潜力。然后，利用多媒体融合的方式，如高清视频、全景图片以及富有感染力的文字描述，将城市的文化特色全方位地展示在各种数字平台上。例如，通过制作文化纪录片在视频网站上播放，或者在社交媒体上发布文化主题的图片集和故事集，吸引全球范围内的文化爱好者关注。

城市管理者通过对城市地理、历史和文化特征的深入分析和整合，运用数据分析和用户反馈机制，精准识别出城市最具吸引力的特征组合。这一过程并非简单地罗列，而是需要综合考虑不同特征之间的关联性以及在目标受众中的影响力。例如，对于一座以美食文化和古老建筑闻名的城市，管理者可以将品尝美食与游览历史建筑相结合，打造出一条独特的旅游体验线路，并通过数字化手段进行宣传推广。在网络宣传过程中，可以采用多种形式相结合的方式，如制作精美的短视频，展示游客在古老建筑旁品尝特色美食的惬意场景；配以生动的文字介绍，讲述美食背后的历史文化渊源以及建筑的历史故事；再加上高清图片集，从不同角度呈现美食的诱人色泽和建筑的独特风貌。

（二）个性化故事的创建与传播

数字化工具犹如一把神奇的钥匙，为城市管理者开启了一扇通向构建富有魅力城市形象的大门，通过创建个性化的城市故事，城市能够在更深层次上展现其独特性，从而实现对外吸引关注、对内凝聚认同的双重目标。

从塑造城市品牌形象角度来看，个性化的城市故事能够让城市在全球众多城市中独树一帜。每个城市都是一个独特的社会生态系统，生活着形形色色的市民，他们各自有着不同的生活经历、梦想和价值观。城市管理者可以深入城市的大街小巷，挖掘普通市民的故事，这些故事犹如一颗颗璀璨的明珠，串联起来便能勾勒出城市的独特风貌。例如，一位老手工艺人坚守传统技艺几十年，他的故事不仅体现了传统工艺的传承与发展，更反映了城市对传统文化的尊重与保护；一位年轻的创业者在城市中追逐梦想，他的奋斗历程展现了城市的创新活力和包容精神。通过数字平台讲述这些市民的故事，城市能够以一种更加真实、亲切的形象出现在公众面前。与传统的城市宣传方式相比，这种基于个性化故事的传播更具感染力和说服力。在数字时代，社交媒体、短视频平台以及各类在线社区成为故事传播的主要阵地。城市管理者可以利用这些平台，将收集到的市民故事以短视频、图文并茂的文章或者音频故事的形式发布出去。例如，在社交媒体上创建城市故事专题页面，定期更新不同类型的市民故事。每个故事都配有吸引人的标题、高质量的图片或者视频片段，以及简洁而富有情感的文字描述。这样的传播方式能够迅速吸引用户的注意力，引发他们的情感共鸣，使他们更容易对城市产生好感和向往之情。

从内部文化认同的角度来看，个性化的城市故事对于加强市民对城市的归属感和认同感具有不可替代的作用。城市是市民共同的家园，然而在现代社会的快节奏生活和多元文化冲击下，市民与城市之间的情感联系有时会变得薄弱。通过鼓励居民在数字平台上分享他们对城市的看法和体验，能够提高市民对城市的热爱。例如，在城市的官方网站或者市民论坛上开设专门的板块，让市民分享自己在城市中的成长经历、难忘瞬间或者对城市发展的期望。这些分享内容构成了一个共同的城市叙事，每个市民都是这个叙事的创作者和参与者。这种共同的城市叙事能够深化外界对城市的理解，展示城市在传统与现代之间的独特融合。城市并非静止不变的，而是在历史的长河中不断发展演变。传统的文化元素在现代社会中得以传承和创新，现代的科技和理念又与传统相互交融。通过讲述个性化的城市故事，可以将这种传统与现代的融合生动地展现出来。例如，某城市通过社交媒体发布系列短视频，讲述当地艺术家、手工艺人和普通市民的生活故事。在这些视频中，可以看到传统手工艺人如何借助现代科技手段改进工艺、拓展市场；艺术家们如何从古老的文化传统中汲取灵感，创作出具有现代风格的艺术作品；普通市民在传统节日中融入现代的庆祝方式，既保留了传统文化的韵味，又展现了现代生活的活力。这种传播方式使得城市形象更为鲜活，不再是一个抽象的概念，而是一个充满生机与活力、有着丰富内涵和情感温度的地方。它促使受众与城市之间建立更深层的情感联系，无论是本地市民还是远方的游客，都能在这些故事中找到与城市的共鸣点，从而更加深入地理解和热爱这座城市。

第四节 利用数字媒介进行城市品牌传播的案例

一、西安的数字化身份塑造

本案例通过分析西安在抖音平台上的城市形象传播现状，探讨了其对西安城市品牌传播所产生的积极效益。同时，针对传播过程中所发现的问题进行反思，并提出相应的改进对策。这一研究旨在为其他城市在数字化传播与城市形象塑造方面提供借鉴，促进更有效的文化传播策略和更广泛的公众参与。

（一）抖音重塑西安形象

在过去，城市文化的传播主要依赖政府职能部门，通过报纸、电视和网络等传统媒介进行。这种形式往往流于宣传，主流媒体主导的宏大话语很难与普通民众的日常生活产生真正的联系。相较之下，抖音这样的短视频平台，因其平台商开放性和用户强互动性，使得任何人都可以拍摄、上传图文和视频并与其他用户进行互动与分享。这样一种个人化、日常化、草根化的表达方式，能够以更真实和更接地气的方式展现城市文化，产生更为有效的传播效果。

截至 2021 年国庆，抖音上共有约 8000 万条关于城市生活的精彩短视频，创造了 2000 亿次的播放量，点赞数达到 70 亿次。特别是在排名前十的城市中，共贡献了 600 亿次播放量，这一数据甚至超过了 2020 年全年网络综艺的总播放量。其中，西安凭借摔碗酒、西安人的歌、大雁塔等元素，关于西安的短视频总播放量超过 89 亿次。随着摔碗酒热度的过去，毛笔酥和蛋黄肉夹馍又掀起了第二轮风潮，分别创造了 5600 万和 4500 万的单条视频播放量。

2021 年全年，西安在抖音之城排行榜上收获点赞量超过 12 亿，在与西安市的合作中，抖音的海外产品上线了与西安城市文化相关的挑战，并定制了兵马俑、肉夹馍的特效贴纸，助力传播西安的美食、美景、民俗和文化。这一挑战活动上线仅三天，贴纸的使用量就超过了 6 万次。

与此同时，西安的"旅游都市"品牌形象影响力日益提升。在 2021 年春节假日期间，西安接待游客超过 1269 万人次，同比增长 66%，实现旅游收入 103.18 亿元。在 2021 年五一假日期间，西安跃居"国内十佳旅游目的地"的第三位。根据抖音发布的《2022 抖音春节大数据报告》，春节期间国内城市打卡量的榜单中，西安位居第二，其中春节打卡景点前五名中有三个来自西安。在 2022 年国庆城市排行中，西安仍然名列前茅，永宁门城墙和大唐不夜城已成为西安旅游的"金招牌"。

从上述数据可以看出，抖音不仅提升了西安城市形象的传播效果，还改变了公众对西安的刻板印象，展现了一个传统与时尚并存的魅力之城。通过抖音，西安的城市文化得到了更广泛地传播，使得更多人认识了这座历史悠久的城市。

（二）西安城市文化传播现状

1. 打造旅游城市名片，激发古城新的活力

西安正在按照国家中心城市和国际化大都市的建设要求，加快建设国际旅游名城和世界旅游时尚之都。2021 年，西安政府抓住机遇，与抖音官方达成战略合作，利用抖音平台对西安丰富的文化和旅游资源进行全球范围内

的宣传。以"从西安出发,向全世界讲好中国故事"为主题,双方联合推出"四个一计划",即文化城市助推、定制城市主题挑战、抖音达人深度体验以及抖音版城市短片等多种传播方式,全方位包装和推广西安。这一系列策略取得了显著效果。例如,2021年的"西安年·最中国"系列宣传视频在抖音平台上引起了广泛关注,春节期间,慕名而来的游客数量突破1269万人次,旅游收入达到103.15亿元,创造了西安春节旅游的历史新高。通过各种文化元素的融合,市民和外地游客都获得了全新的体验,抖音平台的用户属性使得内容制作更加符合用户和市场的需求。最终,这一系列活动不仅传播了西安的深厚文化与活力四射的现代化城市品牌形象,也形成了一个全新的文化传播生态。随着流量的加持,西安在"抖音之城"的称号下重新崛起。此外,2019年热播的网络剧《长安十二时辰》,剧中对于西安美食的精彩展示促使观众向往这座古城。抖音上涌现出大量的美食攻略,使西安的城市品牌形象得以更广泛地传播。例如,大唐不夜城的"真人不倒翁"凭借独特的舞姿和唐装造型,吸引了众多游客,相关视频在抖音上的最高点击量接近千万,推动了该地的旅游人气。

2. 微观式切入,"草根"式传播,拼图式建构

抖音为用户提供了一个开放和平等的网络环境,使个体叙事的欲望得以最大限度地激发。在这一平台中,西安的城市形象传播摒弃了传统的宏大叙事模式,创作者们往往从身边的小微视角出发,展现城市的魅力。例如,西安城区的一位网红公交司机用流利的英文报站,透过温情和幽默的微观视角展示了西安的市民素质。这种草根式传播不仅让观众感受到真实和贴近,同时也拉近了城市与公众之间的距离。此外,普通平民的传播行为出于自发的分享和互动,代表了对城市文化的认同。通过这种方式,群体的参与感和荣誉感消解了用户身份上的隔阂,使得传播效果显著提升。大量用户的个体化叙事,形成了多维度符号的城市文化建构,多个个体与多个元素共同拼图式地构建了西安的城市形象。这种多元化的表达方式,不仅丰富了城市文化的

内涵，也使得城市形象更加立体。在这一过程中，个体用户的声音通过短视频得以放大，形成了一种新的城市叙事模式。这种模式使得普通市民的生活经验与城市形象的构建密切相关，展现出一种"草根"文化的力量。由此，西安不仅仅是一个历史名城，更成了一个充满活力和现代感的城市。

3. 从众效应明显，同质化严重，原创不足

尽管抖音为西安的城市形象传播带来了诸多便利，但由于创新能力的局限，平民化的叙事和人人都可以参与的传播模式往往导致大量跟风模仿，内容同质化严重。例如，当一段关于"摔碗酒"的视频走红后，便出现了数以万计的模仿视频；同样，一条关于毛笔酥的"吃播"视频引发了众多用户的跟风，造成了极大的同质性。以用户生成内容（UGC）为主的抖音短视频，虽然丰富了西安的传播内容，但也面临着原创不足和专业性缺乏的问题。许多有关西安的城市历史文化、风土人情的内容，往往集中在美食和网红景点上，使得城市传播的内容缺乏深度和广度。这种同质化现象带来了明显的问题——发展后劲不足，难以更深层次地展现城市的文化底蕴。可以说，这几乎是抖音上所有网红城市的共同难题。2021 年，在抖音平台火爆的西安、成都、重庆等城市，出现用户借助短假期频频"打卡"的现象。当这些同质化、浅层次的体验完成后，城市在对外形象展示方面却出现了"空窗"期。

4. 浮于表面，城市深层文化内核表达欠佳

在城市营销和城市宣传的过程中，传播的核心应该围绕城市品牌内涵展开。城市品牌内涵可以通过与城市精神相匹配的人、事、物及其延伸来体现。然而，抖音在放大西安的景点和美食的同时，关于西安的历史积淀、文化底蕴和城市精神的深层次表达却相对缺乏。这使得更多的传播内容呈现出走马观花式的浅尝辄止，未能深入挖掘西安丰富的文化内涵。例如，西安作为历史文化名城，拥有深厚的文化底蕴，但在抖音上，更多展现的是一些流行的跟风元素。即使是汉服这样的传统文化载体，其背后的文化深意在短视频中也未能得到充分传达，反而引发了一些肤浅的模仿和追随。这与抖音的娱乐

性质及内容生产者的年轻化、非专业化有直接关系。尽管西安的城市形象在近两年借助流量和政府的积极推动获得了一定红利，但这种红利的可持续性存疑。因此，许多人对当前的西安城市形象传播进行了反思。虽然摔碗酒和毛笔酥对不了解西安的游客而言是一种新奇体验，但这些元素是否真正代表了西安的美食文化？例如，"不倒翁女孩"的火爆又能持续多久？游客借助抖音对西安形成的想象，是否与西安所期望对外展示的城市形象一致？目前在抖音上展现的内容除了热烈的旅游休闲外，还忽视了西安更深层的文化内核。

（三）基于抖音的影响力提升策略

1. 培育专业化的内容生产

UGC的出现是"抖音"走红的重要原因，尤其在西安的城市形象传播中，尽管其带来了大量流量，但同质化问题却严重制约了传播效果的持续性。为了确保西安城市形象传播的长期有效性，必须注重培育PGC（专业生成内容）和OGC（官方生成内容），与用户生成的内容形成良好的互补关系。在这一过程中，官方团队和专业创作者需发挥自身优势，拉近与用户的距离，适应抖音的内容话语体系，积极打造文化传播的精品内容矩阵。"草根"内容的生成虽带有随意性，容易受到潮流的影响而过后即淡，但城市形象的传播后续动力需要依靠专业团队来保证。这些团队应当充分挖掘西安丰富的文化资源，通过技术手段将其包装和展示给用户。

西安作为一个历史悠久的城市，虽有深厚的历史积淀，但不能满足于坐吃山空。如何释放城市的活力，展现其时代特征，是官方团队需要思考的关键问题。此外，随着公安、消防等机构逐渐入驻抖音，展现正面政府形象和弘扬主旋律的内容同样受到大众的青睐。这为西安的城市形象塑造提供了契机，正向的政府形象能够为城市发展代言，在多重维度上展现城市的活力与文明。

2. 主动设置公共议程，强化特色传播

通过对抖音平台内容的观察，许多关于西安城市文化形象的内容往往源

于偶然性的火爆，但要在平台上进一步提升城市文化传播效果，需要采取主动策划的策略。例如，类似"西安年·最中国"和"博物馆奇妙夜"的活动应成为城市传播的常态。这样的活动能够形成官方策划、大V响应与用户参与的多方联动局面，推动城市形象的传播。2022年11月，西安市政府与抖音再度推出"in西安畅快嗨"的短视频征集活动，借助全运会的契机，激发用户的创作活力，再次传播城市形象。因此，城市需要不断进行策划和内容挖掘，利用城市独特性主动引导，并充分考虑社会需求和本土特色，避免偶然火爆成为常态。确立一个强有力的公共议程是关键，城市需要主动制造更多的话题，以吸引和影响用户。

3. 深入挖掘城市文化内核，推动持续传播

利用新媒体平台进行文化传播，容易导致文化传播向娱乐化和浅层化转变。西安的文化传播需要充分利用本土文化资源，将周礼、秦法、汉儒等深厚的哲学内涵通过抖音这个"新瓶子"包装得更易为人所接受和理解。特别是在国家"一带一路"倡议的背景下，探索更多向外部联动的途径显得尤为重要。此外，注重本土内容的价值观引导，在细微之处彰显城市精神，是城市文化传播的重要策略。让西安的城市文化和人文精神在潜移默化中影响公众，形成深厚的文化认同。城市品牌形象的传播是一个长期且复杂的立体工程，需要不断在各种表达方式中注入更多的意义。短视频作为最新颖、丰富的表达形式，应当有更深刻的内容进行充填，以确保城市形象的构建不至于昙花一现。应当认识到，抖音对城市的推广和营销虽然能带来短期流量与爆点，但这并不利于城市形象的长久传播。因此，需不断深耕有质量、有温度、有话题的内容，以持续吸引外界的关注。值得注意的是，城市形象的塑造不仅依赖于对外传播。如果城市自身的品质和文化内核不够优秀，反而会给慕名而来的游客造成严重的心理落差。因此，片面的、标签化的、娱乐化的内容不会长久打动人心。城市建设和资源开发才是形象传播的根本，也是城市吸引力的核心。随着游客的大量涌入，城市的环境承载力是否能妥善应对、

确保游客的体验感，也是西安面临的隐忧。

二、杭州智慧城市品牌化建设

（一）杭州的智慧城市实践

1. 数字治堵

在快速发展的背景下，杭州交通拥堵的问题日益严重。据杭州市交通运输局2019年的数据显示，市区机动车数量已达266.6万辆，快速路和地铁的建设虽然在全面推进，但主城区的通行能力却显著下降。为了应对这一挑战，杭州城市大脑的引入成为关键。

城市大脑通过实时感知交通路况，赋能交通管理的智慧化，显著提高了交通管理的效率。首先，该系统能够实时监控交通流量，帮助决策人员快速应对复杂的交通环境。这种及时的数据反馈使得交通管理者可以迅速调整信号灯、发布交通指引，从而有效缓解拥堵情况。其次，城市大脑不仅具备监控功能，还能通过数据分析预测未来的路况趋势。例如，系统能够根据历史数据和当前交通状况，提前识别潜在的拥堵点和事故风险，自动报警并提供处理建议。在公共交通管理方面，城市大脑同样发挥了重要作用。通过整合大数据技术，实时监测公交车的运营状况与客流数据，系统能够进行动态调度与线路优化。这样一来，公交公司能够根据实时客流量调整发车频率，减少乘客等待时间，提高整体出行效率。

2. 数字治城

杭州的数字化治理水平在全国名列前茅，主要得益于城市大脑的有效应用。根据《中国城市数字治理报告（2020）》的数据，杭州的数字治理模式与经验展现出了强大的辐射能力。城市大脑2019版的上线，使得杭州在"数字治堵"领域的成功经验能够推广到其他治理领域。在便民惠民方面，杭州积极将停车管理系统接入城市大脑，推出"先离场后付费"的模式。这一创新使得车辆的离场速度提高了8倍，显著改善了市民的停车体验。此外，杭州通过城市大脑优化医疗资源配置，推广电子病历，解决了"挂号难、看病慢"的问题。患者可以通过线上预约和电子病历系统，快速完成挂号、就医和取药的全过程，减少了传统就医中烦琐的手续。在行政管理方面，杭州打破了传统的地域界限，推动了跨部门、跨层级的快速联动，实现了高效的协同治理。通过城市大脑，政府部门能够共享数据，形成信息互通的工作机制，避免了信息孤岛的现象。这种协作方式不仅提升了行政效率，还增强了市民的参与感和满意度。

（二）杭州的智慧城市品牌建设

1. 新媒体平台宣传

主流媒体的报道在提升杭州智慧城市品牌形象方面发挥着关键作用。例如经济日报点赞杭州市智慧城市建设。经济日报作为具有权威性和广泛影响力的经济类媒体，其对杭州智慧城市建设的肯定，意味着杭州在智慧城市建设的经济效能、创新模式以及对城市整体发展的推动等多方面得到了专业层面的认可。这不仅是对杭州在城市规划、资源整合以及科技应用等方面的肯定，更是一种对其发展模式的推广。又如《人民日报》点赞杭州城市大脑。杭州城市大脑是杭州智慧城市建设的核心成果之一，它通过整合城市的各类数据资源，实现了交通、医疗、环保等多个领域的智能化管理与优化。《人民日报》的点赞表明杭州城市大脑在提升城市运行效率、改善民生服务以及创新城市治理模式等方面具有可借鉴性和示范价值。

腾讯新闻、新浪财经、搜狐网等众多新媒体组织亦对杭州智慧城市建设进行了诸多正面报道。新媒体以其传播速度快、受众范围广、互动性强等特点，为杭州智慧城市品牌化建设提供了多元化的传播渠道。腾讯新闻凭借其庞大的用户基数和多元化的内容分发模式，能够迅速将杭州智慧城市建设的相关资讯传播给不同年龄、不同地域、不同社会阶层的受众群体。新浪财经则从经济视角出发，深入剖析杭州智慧城市建设中的投资环境、产业发展以及经济效益等方面的成果，吸引了众多投资者和经济界人士的关注。搜狐网以其丰富的频道设置和个性化的内容推荐机制，为不同兴趣爱好的受众提供了全面了解杭州智慧城市建设的窗口。

这些媒体报道的综合作用，使得杭州借助其全国领先的智慧城市建设吸引媒体跟踪报道，逐渐实现其智慧城市品牌化的目标。媒体的持续关注形成了一种良性循环，随着报道的增多，杭州智慧城市的品牌知名度不断提升，进而吸引更多媒体资源的投入，进一步推动了杭州的城市品牌化进程。

2.组织活动、论坛宣传城市品牌

杭州积极组织参与了如智慧城市高峰论坛、数字周、"指尖城市"等诸多活动。智慧城市高峰论坛作为智慧城市领域的高端交流平台，汇聚了来自全球各地的城市管理者、行业专家、企业领袖等各界精英。在这样的论坛上，杭州能够展示其在智慧城市建设方面的前沿理念、创新技术以及成功实践经验。例如，分享其在城市交通智能化管理方面的经验，如何通过大数据分析和智能算法优化交通信号灯设置，提高城市交通的通行效率，减少拥堵现象，这对于其他正在探索智慧城市交通解决方案的城市具有很高的参考价值。

数字周活动则侧重于展示智慧城市建设中的数字技术创新成果，如展示其在数字政务、数字医疗、数字文化等领域的数字化转型成果。杭州的数字政务平台通过整合多个部门的政务服务，实现了市民和企业办事的"一网通办"，大大提高了政务服务的便捷性和效率。这种数字化政务服务模式的展示，不仅能够吸引其他城市学习借鉴，同时也提升了杭州作为智慧城市的品牌形象。

"指尖城市"活动则更注重智慧城市建设与市民生活的融合体验。杭州在该活动中，可以展示市民如何通过手机APP等智能终端便捷地享受城市的各种服务，如智能停车、智慧社区服务、在线教育等。这体现了杭州智慧城市建设以人为本的理念，让市民真正成为智慧城市建设的受益者，同时也向外界展示了杭州智慧城市建设的人性化和可持续性。

在这样的对外交流中，杭州不仅可以加速其智慧城市的品牌传播，更借此对外输出杭州经验、杭州模式，进一步提升其城市形象和对外吸引力。通过参与这些活动和论坛，杭州能够与其他城市建立更广泛的合作关系，吸引更多的投资和人才流入，从而为其智慧城市建设的持续发展提供更强大的动力。

3. 打造智慧城市品牌标签

杭州在智慧城市品牌化建设过程中，结合自身发展特点，在近几年间精心打造了多个具备一定影响力的智慧城市品牌标签。这些品牌标签是杭州智慧城市建设理念、成果以及特色的高度凝练，通过精要的品牌标签设计，形成媒体传播点，进一步提升了杭州智慧城市品牌的知名度与美誉度。

杭州打造的"移动办事之城"品牌标签。这一标签精准地概括了杭州在数字政务领域的卓越成就。杭州通过整合政务资源，开发便捷的移动政务服务平台，市民和企业可以通过手机等移动终端办理大量的政务事项，真正实现了"让数据多跑路，让群众少跑腿"的目标。这一品牌标签在媒体传播过程中，能够迅速吸引受众的关注，因为它直接触及现代社会人们对于高效、便捷政务服务的需求痛点。媒体在报道杭州智慧城市建设时，"移动办事之城"成为一个鲜明的亮点，不断被提及和传播，从而提升了杭州在智慧城市建设中数字政务方面的品牌形象。

"智慧交通先行示范城市"品牌标签。杭州的交通拥堵问题曾经是城市发展的一大挑战，然而通过智慧城市建设，杭州在交通领域实现了智能化的转型。利用大数据、物联网、人工智能等技术，杭州构建了智能交通系统，包括智能交通信号灯控制、实时交通流量监测与预警、智慧公交和地铁运营等。这一品牌标签不仅体现了杭州在智慧交通领域的领先地位，也成为杭州智慧城市建设的一张亮丽名片。媒体在报道杭州交通改善的成果时，"智慧交通先行示范城市"这一标签能够让受众快速了解杭州在智慧城市交通建设方面的独特优势，进而提升了杭州智慧城市品牌在交通领域的知名度和美誉度。

"数字生活新天堂"品牌标签。它涵盖了杭州在数字消费、数字文化、数字娱乐等多个与市民生活息息相关的领域的建设成果。杭州通过推动互联网企业与传统商业、文化、娱乐产业的融合，打造了一系列数字化的生活场景，如线上线下融合的新零售模式、数字文化创意产业的蓬勃发展、丰富多样的数字娱乐体验等。这一品牌标签传达出杭州智慧城市建设为市民带来的高品质数字生活体验，在媒体传播中能够吸引更多追求现代生活方式的人群关注杭州，进一步提升了杭州智慧城市品牌在提升市民生活品质方面的形象。

（三）杭州智慧城市品牌的内涵与城市形象构建

随着智慧城市建设的不断完善，杭州的城市形象传播逐渐与智慧城市品牌化相互融合，形成了一种新的城市形象构建模式。智慧城市不仅是一个涵盖高新技术的物理空间，它还是一个具备高度人工智能的"智能主体"，在城市形象的建构过程中扮演着至关重要的角色。

第一，智慧城市的特征使其成为城市形象构建的第四类主体，区别于传统的政府、社会组织和市民等主体。通过与市民及社会组织的互动，城市大脑不仅提升了城市治理的水平，也使市民感受到与城市形象之间的紧密联系。在这样的互动中，智慧城市成为一种交际新主体，直接影响着居民的思想和行为，从而为城市形象的构建注入了新的活力。

第二，智慧城市还成为城市形象的内容组成部分。它不仅承载了经济、文化、生态等多重形象，还体现了城市的特色与个性。杭州作为一个数字经济先行者，通过建设"城市大脑"等智能应用，强化了其在智慧城市领域的品牌形象。这些创新应用不仅提升了市民的生活质量，也使得杭州的智慧城市品牌深入人心，进一步丰富了城市的文化内涵。

第三，智慧城市也成了城市形象建构的重要渠道。伴随媒介技术的不断发展，智慧城市本身可被视作一种全新的传播媒介，涵盖城市的建筑、交通、服务等多重维度。这种"万物皆媒"的新理念使得城市的各个要素都参与到城市形象的传播中，从而实现了信息的多元传播。通过与市民的持续对话，杭州的城市大脑为城市形象传播提供了一个互动平台，进一步增强了城市品牌的影响力。

（四）杭州的智慧城市品牌助力其全球传播

在全球化的背景下，杭州的城市形象全球传播面临诸多挑战。尽管杭州在文化、旅游等领域的宣传取得了一定成效，但在跨文化传播过程中，杭州的城市形象容易受到"文化折扣"的影响，导致其本土文化无法被国际受众充分理解和认同。智慧城市品牌的构建为这一问题提供了有效的解决方案。

首先，智慧城市的概念在全球范围内得到普遍认可，减少了杭州城市形象传播中的文化障碍。智慧城市不仅强调技术创新，更注重与居民、生态、文化和经济之间的互动关系。这种以人为本的理念，使得杭州的智慧城市形象更容易被国际受众接受和理解。

其次，随着全球对智慧城市的需求不断增长，杭州可以借此机会开展广泛的国际交流与合作。例如，通过参与全球智慧城市的对话和合作，杭州不仅可以借鉴国际先进经验，还能推广其成功的智慧城市建设模式。这种交流的双向性将大幅提升杭州在国际舞台上的影响力，为城市形象的传播开辟新的渠道。

最后，借助智慧城市的品牌效应，杭州可以打造更加丰富和多元的城市形象。在与国际城市的合作中，杭州应充分挖掘自身的文化资源，通过智慧科技的方式展示杭州的历史、文化、经济等多维度特征。例如，结合大型展会、国际交流活动等平台，杭州市政府可以主动塑造杭州作为智慧城市的形象，使其在全球传播中更具话题性和吸引力。

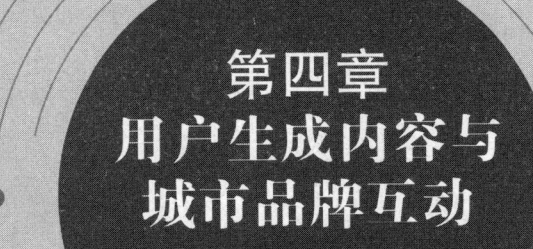

第四章
用户生成内容与城市品牌互动

第一节　用户生成内容的价值

一、有助于建立品牌信任

用户生成内容（UGC）在现代城市品牌传播中占据了重要的位置，其最大的特点之一就是真实性高。与传统的由城市品牌官方或商业机构制作的宣传内容不同，UGC是由普通用户基于自身的真实体验创作而成。这种内容不仅包括文字描述，还涵盖了图片、视频等多种形式，展现了用户在特定环境中的亲身感受。例如，游客在旅游结束后，通过游记平台分享他们的旅行经历，包括对酒店的评价、景点的感受、与当地居民的互动等。这些内容是第一手的、未经修饰的信息，通常反映了真实的旅游体验。当潜在游客在寻找目的地的信息时，这些用户的分享提供了极具参考价值的资料，使他们能够了解该城市的实际情况，而不仅仅是依赖品牌方提供的理想化形象。这种真实的反馈对于潜在游客的决策过程具有重要影响。例如，如果一位游客分享了他们在某个城市的愉快体验，并详细描述了与当地居民的互动、餐厅的美味以及景点的独特之处，这些信息能够增强其他潜在游客的向往感，并与潜在游客建立信任。

从消费者行为学的角度来看，消费者在做出决策时，特别是在选择旅游目的地或考虑投资城市时，越来越倾向于参考其他消费者的真实体验。这种趋势反映了信息时代背景下消费者行为的显著变化，用户不仅被动接收信息，更主动寻求他人的建议和反馈。研究表明，消费者在做出购买决策前，往往会查看其他用户的评价和分享，以获取更为全面的信息。这种行为强调了消费者对他人经验的依赖，尤其是在面对选择时，真实的用户体验成为关键决策因素。在信息不对称的环境中，用户往往无法全面掌握某个产品或服务的真实情况，因此，他们更倾向于寻求其他用户的见解，以弥补信息的不足。此外，社交媒体平台的兴起使得这一趋势愈发明显。用户可以方便地访问和浏览他人的旅游体验、餐馆评价及城市活动的反馈。比如，当潜在游客考虑访问某个城市时，他们可能会浏览平台上的游记、视频或评论，这些内容直接影响着他们的选择。无论是对特定景点的热情推荐，还是对某个酒店的负面评价，这些来自真实用户的反馈都能显著影响游客的决策。

在信息泛滥的时代，消费者越来越倾向于信任来自同伴的真实反馈，而不是品牌方所传达的商业信息。这种信任的建立是城市品牌成功吸引游客、投资者等的重要基础。例如，当潜在游客看到真实游客分享的积极反馈后，更可能选择该城市作为旅游目的地。用户生成内容的真实性为品牌的信誉度提供了强有力的支持，因为消费者通常认为，其他用户的真实体验能够更客观地反映城市的实际情况。这种基于真实体验构建的信任关系，使得品牌在竞争激烈的市场中脱颖而出。此外，城市品牌在进行传播时，也要重视内容的真实性和多样性。在展示用户生成的内容时，城市品牌应确保选择的内容能够真实反映用户的体验，避免过度美化或扭曲事实。

二、有助于展示城市的多元化品牌形象

随着社交媒体的普及，来自不同用户的内容不断涌现，这些用户的背景、兴趣和体验各不相同，生成的内容涵盖了城市的各个方面。这种多样性不仅丰富了城市品牌的表达，也为塑造城市品牌提供了多样化的视角和内容。例如，一位艺术爱好者可能通过绘画或摄影捕捉城市的文化活动和历史古迹，而一位美食博主则可能专注于城市的传统美食和现代餐饮文化。这样的 UGC 多样性使得城市品牌能够从多个维度展现自身的独特性。例如，用户可能分享他们在城市中的购物体验、夜生活、艺术展览等内容，这些内容既包含了城市的日常生活，也展示了文化活动的丰富性。从社会学的角度来看，这种多元化的 UGC 有助于反映城市的社区特征和文化氛围。不同群体的声音和体验被整合到城市品牌中，使得品牌传播不仅仅是单一的信息传递，而是多

元文化的交融与共创。

　　社交媒体平台如小红书和微博为城市提供了展示品牌形象的舞台，不同的用户通过独特的视角拍摄城市的照片和视频，展现了城市的多样性与活力。每位用户在展示城市时都带有个人的视角和体验，这使得同一城市可以在不同的故事背景下呈现出不同的面貌。有些用户可能聚焦于城市的古老街道，展示其历史韵味，透过老街的小巷、古建筑的细节，传递出城市历史的厚重感和文化的积淀。此类内容不仅吸引了对历史感兴趣的受众，也为想要了解城市文化底蕴的游客提供了宝贵的信息。而另一些用户则可能关注城市的新兴商业区，展示其现代化的一面。这些内容通过现代建筑的设计感、繁华的商业活动以及时尚的生活方式，展现了城市发展的活力与创新。这种现代化的展示吸引了年轻群体和创业者，激发他们对城市发展的兴趣与参与。这种多样化的视角为城市品牌的传播注入了活力，使其能够更全面地展示城市的文化与生活。通过 UGC 的不同角度，城市品牌能够与受众建立更深层的情感连接，增强他们对城市的认同感。

　　用户生成内容的丰富性与多样性有助于全面展示城市的多元文化形象。城市不再是单一的、刻板的形象，而是一个充满活力和变化的多元文化体。通过 UGC，城市品牌能够展现自身的独特性，吸引更多不同类型的受众，满足他们的多样化需求。这种多元文化形象的展示使得城市品牌不仅仅局限于某一类特定的特色，而是能够综合展示历史、艺术、饮食、风俗等多个方面。这种全面的文化展示能够吸引不同兴趣和背景的受众，从而扩大品牌的市场影响力。城市品牌通过积极展示其文化的多样性，不仅提升了自身在国内市场的吸引力，也增强了其在国际文化交流中的竞争力。此外，多元文化形象的构建也有助于促进城市的文化交流与理解。通过展示不同文化元素，城市品牌能够引起受众的兴趣，鼓励他们深入了解和体验当地文化。

三、提高用户参与感与品牌忠诚度

1. 增强参与感

当用户积极参与到城市品牌相关内容的创作过程中时，他们不仅成为信息的传播者，还在心灵深处产生了对城市的认同感。例如，当地居民通过拍摄自己日常生活场景并分享到社交媒体上，他们在此过程中不仅表达了对自己城市的热爱，还展现了对城市文化的独特理解。这种参与感使得用户愿意投入更多的时间和精力去关注和支持城市品牌，形成了积极的互动关系。在这个过程中，用户的参与不仅仅限于分享生活琐事或景点照片，而是能够深入挖掘城市的文化内涵与历史背景。这种深度的参与激励用户去探索城市的各个角落，了解其历史故事、文化活动和当地特色，从而使得他们对城市的认知更加全面。用户通过分享和互动，建立了与其他用户的联系，形成了一个围绕城市品牌的共同体。在这种社区中，用户不仅分享自己的体验，还能互相学习与交流。

2. 自我表达与社交需求

现代社会中，用户不仅希望消费产品或服务，更希望通过创作与分享来表达自己的个性和情感。UGC 使用户能够通过自己的作品传达对城市的独特理解和情感。例如，用户可以通过照片、视频和文字等多种形式，记录和分享他们在城市中的经历，展现个人的生活态度和审美情趣。

在社交媒体上，用户分享内容的过程是一个自我展示的过程。当他们发布关于城市的内容时，不仅是在传播信息，同时也在寻求他人的认可与回应。这样的互动为用户提供了社交机会，使他们能够与朋友、家人以及其他用户建立更深的联系。

用户在这种互动中获得的社交体验，使他们更愿意继续参与城市品牌的传播活动。参与感与社交需求的满足相辅相成，形成了一个良性的循环。用户在分享和创作中得到的满足感，促使他们在未来继续关注城市品牌的动态，积极参与品牌相关的活动和讨论，从而增强了他们对品牌的认同感与忠诚度。

3. 提升品牌忠诚度

随着用户参与感的增强，他们对城市品牌的忠诚度也会随之提高。这种忠诚度不仅体现在用户对品牌的持续关注上，还表现在他们积极参与城市品牌的共创活动中。例如，当用户的创作得到积极反馈时，他们会感受到一种归属感与成就感，进而愿意继续支持和推广这个城市品牌。这种积极的反馈不仅提升了用户对城市品牌的忠诚度，也激励他们在社交平台上为品牌进行更多的宣传和推广。例如，用户在社交媒体上积极分享自己参与城市文化活动的经历，不仅会引发更多人对该城市的关注和兴趣，还可能促使他们亲自前往探索。这种基于个人体验的传播方式，更加真实且可信，容易打动潜在游客的心。这种良性传播效果在社交媒体环境下呈现出连锁反应，使得城市品牌在短时间内获得更广泛的曝光。进一步而言，品牌忠诚度的提升还能够促进用户与品牌之间的深层次互动。忠诚用户通常会参与到城市品牌的反馈和建议中，这为品牌提供了宝贵的用户见解和市场信息。

第二节　鼓励用户参与城市品牌建设的方式

一、激励机制

激励机制是促进用户参与城市品牌建设的重要方式，旨在通过多种方式激励用户生成内容和参与互动。这种机制不仅提升了用户的参与积极性，还激发了他们的创作热情，进而增强了品牌与用户之间的连接。城市品牌管理者通过设计激励措施，能够有效吸引用户参与到品牌的共创活动中来，从而促进城市品牌的可持续发展。

物质激励是城市品牌管理者常用的激励手段之一，其具体表现形式多种多样，涵盖了现金奖励、实物奖品和旅行套餐等。例如，举办摄影比赛、游记征文等活动，能够为用户提供展示自己才华的舞台，并通过设置明确的奖励来吸引参与者。政府部门可以设定奖金、奖品或城市旅游套餐作为优秀作品的奖励。这种激励措施能够显著提高用户参与活动的积极性，促使他们积极分享自己的旅游体验和创作。

在进行物质激励时，政府应明确评选标准，评选过程要透明化，以增强活动的公正性和吸引力。透明的评选过程能够让用户感受到参与的公平性，激发他们的竞争意识。例如，城市品牌可以通过社交媒体发布活动信息，鼓励用户提交自己的作品，并在评选结束后进行结果展示。这不仅能够增强用户的成就感，还能够激励更多的人参与到品牌活动中来。此外，物质激励的效果不仅体现在参与者个人的利益上，也能够为城市品牌传播吸引用户。

激励机制不仅仅是物质上的奖励，更重要的是能够调动用户的积极性和创造力。根据马斯洛的需求层次理论，物质奖励可以满足用户的生理需求和安全需求，而获奖带来的成就感和荣誉感则满足了用户的尊重需求。这一理论强调了人类在不同层次需求中的驱动力，进而为品牌管理者设计激励措施提供了重要的理论依据。

当参与者在创作过程中获得了奖励，他们不仅体验到了物质利益的满足，也享受到了社交认可和个人成就感。例如，当用户的作品被评选为优秀时，他们的成就感能够显著提升对品牌的认同与忠诚。这种心理满足能够促进用户与城市品牌之间的长期关系发展。用户在品牌活动中获得的认可与成就，能够转化为对城市品牌的情感连接，使他们更愿意积极参与后续的品牌活动。此外，精神层面的激励同样重要。品牌管理者可以通过在社交媒体上公开表彰参与者，给予他们更多的认可与赞赏，来增强用户的自我价值感和归属感。通过这种方式，品牌不仅在物质上给予用户奖励，更在心理上赋予用户尊重和认同。

二、反馈机制

反馈机制在用户与城市品牌的互动中起着关键作用，涉及城市品牌管理者如何及时对用户的参与和创作内容进行回应。这种反馈不仅能够提升用户的参与体验，还能够增强品牌与用户之间的信任和联系。有效的反馈机制是实现城市品牌与用户之间良性互动的重要基础，它能够帮助品牌更好地了解用户，同时提升用户的忠诚度和满意度。

城市品牌管理者需要及时对用户的参与和创作内容进行反馈。这一反馈可以采取多种形式，包括公开回复、点赞、分享用户的内容等。当用户在社交媒体上提出关于城市建设的建议时，管理者应该及时回复，表明是否采纳该建议以及原因。及时反馈的实施需要品牌管理者在社交媒体平台上保持活跃，及时关注用户的动态和互动。这可以通过设立专门的团队或使用社交媒体监测工具来实现，确保能够快速捕捉到用户的声音。通过及时的互动，品牌管理者能够有效减少用户对城市品牌的负面情绪，提高用户对城市品牌的信任度。此外，定期进行用户满意度调查和意见反馈征集活动，能够帮助品牌管理者更好地理解用户的需求与期望，进而不断优化品牌策略。例如，某城市的旅游局通过社交媒体设立了一个专门的互动平台，定期征集用户的建议和反馈。在用户提出意见后，管理者及时回复，告知用户是否采纳，并解释原因。这样的做法不仅增强了用户的参与感，还有效提高了用户的忠诚度和品牌满意度。

从传播学的角度来看，反馈是传播过程中的重要环节。及时的反馈能够让用户感受到自己的参与是有价值的，从而增强他们继续参与的动力。用户希望自己的意见和建议能够被重视，反馈的及时性直接影响他们对品牌的认同感和归属感。如果用户的意见被忽视或长时间没有得到回应，他们可能会失去参与的兴趣，从而影响用户与城市品牌的互动效果。当用户提出关于某一文化活动的改进建议时，品牌管理者不是简单回应"感谢你的建议"，而是详细解释建议的可行性，并邀请用户参与后续的讨论或调研。反馈机制还可以促进城市品牌管理者与用户之间的良好关系，建立起信任与合作的基础。用户在得到及时反馈后，往往更愿意继续参与品牌的活动，形成良性的互动循环。

三、引导机制

引导机制是城市品牌管理者与用户之间互动的重要策略，通过制定主题、发布话题等方式，有效引导用户的创作和互动，使用户的创作更符合城市品牌的宣传需求，从而实现品牌传播的有效性和针对性。

城市品牌管理者可以通过设置特定的主题和话题来引导用户围绕某一特定方向进行创作。例如，在某个特定的旅游季节，城市品牌管理者可以在社交媒体上发布"探索城市秋季之美"的话题，鼓励用户分享秋季在城市中的旅游体验、美食以及城市独特的文化活动等内容，这种主题的设置激发了用户的创作欲望。通过主题设置，品牌能够有效地围绕特定的文化活动进行推广。例如，在秋季时，城市管理者可以鼓励用户分享他们在公园、秋季节庆和美食市场的独特体验，增强品牌与用户之间的互动。这种方式促使用户在创作内容时不仅考虑个人的体验，也能与城市品牌的宣传需求保持一致。这种有效的引导能够提升用户生成内容（UGC）与城市品牌内涵的相关性，从而增强品牌在市场中的定位。此外，设置引导性话题还可以引发用户之间的互动与讨论。用户在参与话题创作时，往往会看到其他用户的分享和反馈，这种互动不仅能够增强社区的凝聚力，也能促使更多人参与到品牌活动中来。

引导机制的另一个重要功能是避免用户生成内容的过于分散与无序。在社交媒体环境中，用户生成的内容可能因个体差异而变得五花八门，这种分散的内容可能会削弱品牌的信息传递效果。因此，通过有针对性地引导，城市品牌能够在用户创作过程中保持一定的系统性和计划性。具体来说，城市品牌管理者可以通过明确的主题设置和活动策划，确保用户的创作和互动不至于偏离品牌的核心价值和宣传目标。这种有序的内容生成不仅能够提升品牌的传播效果，还能帮助品牌在激烈的市场竞争中保持清晰的定位。例如，当城市品牌管理者发布一个关于"春季花卉节"的主题时，所有参与用户都围绕这一主题进行创作，分享他们的体验和见解，形成统一的内容主题，从而使品牌的信息传递更为清晰有效。

在利用UGC提升城市形象的格局中，大量用户已经成为城市形象传播的主体力量。根据相关统计数据显示，在有关城市形象传播的抖音视频播放量排名前100的视频中，超过80%是由个人用户进行传播的。这一数据充分表明，普通受众已经成为抖音短视频中城市形象视频创作的主力军，他们在城市形象的构建和传播过程中发挥着不可忽视的重要作用。

在众多城市形象视频创作者中，热爱城市旅游与美食的自媒体达人逐渐崭露头角。与普通大众相比，自媒体达人具有一些独特的优势。他们在旅游和美食领域往往具有更强的专业性，对城市的旅游景点、美食文化等有着深入地了解和研究。例如，一些旅游自媒体达人能够详细介绍城市景点的历史变迁、建筑特色以及最佳游览路线；美食自媒体达人则可以深入剖析城市美食的食材来源、制作工艺、口味特点以及背后的饮食文化。这种专业性使得他们制作的短视频内容更加丰富、准确、有深度，能够吸引更多对旅游和美食感兴趣的用户关注。

同时，自媒体达人还具有较强的号召力。他们凭借自己在抖音等短视频平台上积累的粉丝群体，能够迅速将自己制作的城市形象视频传播出去，引发更多用户的关注和互动。他们的意见和推荐在一定程度上能够影响粉丝的旅游决策和对城市形象的认知。例如，当一位知名的旅游自媒体达人发布了一个关于某城市小众景点的视频，并给予高度评价时，他的粉丝可能会因为对达人的信任而对这个景点产生浓厚的兴趣，进而前往游览体验。

这自媒体达人与普通大众共同组成了抖音上庞大的城市形象传播者阵营。一个城市的特色是多元而丰富的，但这些特色往往需要社会群体去深入挖掘和发现。社会群体作为受众，同时也是传播者，他们能够以独特的视角去探寻城市背后的特色元素，并通过短视频的形式将这些特色展示给更多的人。这种受众参与传播的模式，不仅能够丰富城市形象的传播内容，还能够更好地实现流量变现。例如，一些城市的特色小店、手工艺品店等，通过普通受众和自媒体达人的短视频传播，吸引了更多游客前来消费，从而将流量转化为实际的经济效益，同时也进一步提升了城市的知名度和形象。

第三节　用户参与城市品牌活动的案例研究

一、用户参与对城市品牌的积极影响

1. 多平台积极发声与品牌塑造

主动参与的用户借助社交媒体、论坛以及其他各类数字平台，积极地发布自己的意见、建议以及创作内容，从而深度介入城市品牌塑造的进程。在社交媒体蓬勃发展的当下，如微博、抖音等平台成为这些用户展示自我观点和城市体验的广阔舞台；而各类专业论坛则为对特定领域（如城市规划、文化传承等）感兴趣的用户提供了深入交流的空间。这些用户不仅仅是简单的信息传播者，他们实际上已经成为城市品牌形象的重要塑造者。从信息传播的角度来看，他们的每一次分享都像是一颗种子，在网络的土壤中生根发芽，将城市的形象传播到更广泛的受众群体中。例如，当一位旅行者在社交媒体上详细分享自己在某座城市的探索经历时，他可能会描述城市中那些鲜为人知的小众景点、独特的街头文化，或者是与当地居民互动的有趣故事。

2. 为品牌提供市场反馈与策略调整依据

这种用户的主动参与所带来的互动模式，为城市品牌提供了获取真实市场反馈的宝贵机会，进而能够及时调整品牌策略。从学术研究的角度，这种互动是一种典型的双向信息传递过程。在传统的品牌传播模式中，信息往往是单向地从品牌方传递给受众，而现在主动参与的用户打破了这种模式，他们将自己的需求、期望以及对品牌的评价反馈给城市品牌的管理者。例如，当一个城市推出新的旅游景点或者文化活动时，主动参与的用户会在第一时间在社交媒体平台上分享自己的体验和看法。如果他们发现景点的设施存在某些不便之处，或者活动的组织安排不够合理，这些反馈会迅速在网络上传

播开来。城市品牌的管理者可以通过对这些信息进行收集、分析，及时调整景点的设施布局或者改进活动的组织方式。研究发现，主动参与的用户在品牌活动中扮演着关键角色，他们就像是品牌传播的领航员，其声音能够引导品牌传播的方向。他们积极正面的评价会使城市品牌形成良好的口碑，这种品牌声誉在现代营销学中被视为一种极具价值的无形资产，能够吸引更多的人关注和参与到城市品牌相关的活动中来。

3. 增强用户忠诚度

从社会心理学的角度来看，当用户积极参与到城市品牌的塑造过程中时，他们会产生一种对城市的认同感和归属感，就好像自己是这个城市的一部分，自己的声音和行动能够对城市的发展产生影响。例如，某城市鼓励居民分享关于本地文化活动的短视频，这一举措激发了居民的参与热情。居民们纷纷将自己参加文化节、民俗活动的精彩瞬间记录下来并分享到网络上。在这个过程中，他们不仅是在展示城市的文化魅力，更是在表达自己对这座城市的热爱和认同。这种积极的社区氛围会吸引更多的居民参与进来，形成一种良性循环，用户对城市品牌的忠诚度也会不断提高。这种忠诚度会体现在多个方面，比如他们会更积极地向外界推荐这座城市，无论是在旅游、投资还是居住方面，都会成为城市品牌的有力支持者。

二、用户生成内容对城市形象的传播与构建

社交媒体平台的兴起为城市形象的传播与构建提供了新途径。如何利用 UGC 传播城市品牌形象，将热度转化为城市发展的中长期动力是研究的重点。案例分析 UGC 对城市形象传播与构建的意义，探究 UGC 在城市形象传播与构建中存在的问题，并提出应对策略。

（一）UGC 对城市品牌建设的意义

社交媒体平台如抖音以其"记录生活的美好"的宣传理念和模式，基于大数据精准定位和分析，紧紧抓住用户的心。抖音通过不断推送和更新受众

感兴趣的视频，成功延长了用户的观看时间。这种传播模式使得抖音成为各大城市树立并传播形象的重要平台之一。例如，2018年，抖音陆续与西安、重庆、南京等多个城市达成合作，助力城市形象的传播和推广，直接带动了当地旅游的发展。这种合作不仅促进了城市的经济增长，还增强了城市品牌在全国乃至国际上的知名度。抖音通过大流量传播的特性，帮助城市挖掘其独特的文化和旅游资源，使得这些城市能够在短时间内吸引大量游客。例如，某些城市通过短视频展示其地方特色美食和历史文化，成功吸引了对这些内容感兴趣的用户，形成了良好的口碑传播。此外，抖音还成为扶贫的新抓手，助力一些贫困地区如稻城、栾川的文旅产业发展。这些地区借助短视频的传播力，有效地宣传了自身的旅游资源和文化特色，从而吸引了更多的游客前来体验和消费。各大"网红城市"纷纷开设自己的官方抖音号，通过丰富多样的内容来助力文旅产业，成为网友的旅游首选打卡城市。

抖音在传播城市形象方面的作用显著改变了人们对城市的认知方式。它打破了报纸、广播、电视等主流媒体宣传所带来的严肃、庄重的城市形象，以更加轻松和贴近生活的方式吸引观众。传统媒体往往强调对著名旅游景点、标志性坐标以及城市重点发展领域的推荐，传播内容相对单一。而UGC则使得城市形象传播更趋于大众化和多元化。

随着社交媒体的发展，人们对城市形象的认知不仅依赖于自身的旅游体验，也越来越多地通过平台上UGC获取信息。抖音短视频平台的用户群体主要是普通民众，他们的传播内容更为多维和立体，更加倾向于基于亲身体验进行城市形象的传播。用户可能会选择展示地方小吃、方言以及小而美的小众景点，这些内容的出现使得城市的形象更加亲切和易于接近。这种传播方式不仅让城市的形象更加真实和贴近生活，也增强了受众的参与感。普通用户的视角让人们更加容易与城市产生共鸣，提升了公众对城市的认同感和归属感。UGC使得每一个人都可以成为城市形象的传播者，这种转变为城市品牌的传播注入了新的活力，使得城市形象的构建更加生动、立体。

用户作为城市形象的传播主体，善于挖掘平常生活中富有意义的片段并再度传播，这使得短视频平台上的城市形象更加生活化、真实和富有情感。短视频平台上涌现出的生活化城市形象拉近了与受众之间的距离，激发了用户积极参与传播的热情。城市形象的传播内容可以涵盖城市的景观、风俗文化、地方美食、民族服饰等多个方面，展现了城市生活的多样性和丰富性。例如，西安的"摔碗酒"和"吼秦腔"等用户生成的内容在短视频平台上广受欢迎，挖掘了古都西安的市井生活之美，为城市形象注入了新的活力。抖音凭借用户积累开创了一系列活动，如话题挑战、特效处理和音乐配合等，极大提升了城市的影响力。2018年，抖音推出了京剧脸谱特效，并发起了"我变脸比翻书还快"的话题挑战，成功吸引了民众对传统文化的关注。用户在抖音上原创的"西安人的歌"充分展现了古都的独特魅力，使受众能够更直观、立体地感受城市形象。UGC打破了城市传统固有的宣传模式，促进了城市形象的传播。

（二）推广问题

1. 内容同质化严重

在抖音平台上，城市形象的构建者大多数是普通用户，他们既是视频的观看者，也是传播者。这种双重角色的身份使得用户内容创作过程中往往会形成一定的思维定式，导致内容的创作往往趋于模仿与复制。许多用户会参考热门视频的创意与形式进行内容创作，从而造成了平台上城市形象传播的同质化现象。抖音发起的打卡、挑战等活动虽然能吸引用户参与，但也极易引发一波跟风模仿，这在一定程度上削弱了内容的创新性。

同质化的内容不仅影响了用户对城市形象的认知，也使得品牌传播的效果大打折扣。当大多数用户生成的内容相似，观众在观看时就很难产生深刻的印象，从而影响到品牌的独特性和吸引力。为了突破这一瓶颈，传播者往往会追求流量而制造一些不规范或异质化的视频，这些视频的内容可能带有争议，甚至对城市形象的构建产生负面影响。例如，许多打着"地方特产"

旗号的短视频频频出现在抖音上，这些内容虽然短期内能够吸引关注，却在某种程度上损害了城市品牌的形象。

2. 传播时效性差

短视频平台如抖音上，城市形象的宣传更多是对年轻人感官的反复刺激，通常以娱乐的方式构建与传播城市形象。这样的传播方式虽然在短时间内能够吸引大量用户的注意，但随着同质化视频的泛滥，对用户感官的刺激逐渐减弱，最终导致传播的时效性大幅下降。在这种情况下，短视频的吸引力会迅速减弱，难以持续保持用户的关注。此外，用户生成内容对城市形象构建往往停留在表面，虽然成功塑造了大量网红旅游地，吸引了许多游客实地打卡，但却未能深入挖掘城市的物质文化和深厚的历史底蕴。这种缺乏深度的传播方式使得城市形象的宣传往往仅限于形式，缺少实质性的文化内涵。一旦内容未能吸引到足够的流量关注，便会迅速衰退，导致城市形象的传播效益大幅降低。这种娱乐化、感官化的短视频传播形式就像一把"双刃剑"，虽然能在第一时间引爆新媒体平台，吸引用户关注，但其后续的传播力和影响力却明显不足。

（三）利用 UGC 提升城市形象的策略

1. 政府引领

在利用 UGC 传播提升城市形象的进程中，政府的引领作用至关重要。地方政府主动与短视频平台开展合作，是充分利用社交媒体平台流量优势、提高城市吸引力并全方位展现城市魅力的有效途径。以西安为例，西安成为备受瞩目的"网红城市"，这一成果与政府和抖音平台积极合作密切相关。西安与抖音达成战略合作后，抖音平台成为西安城市宣传的强大助力。通过这一合作，西安的城市特色如古老的城墙、丰富的美食文化、独特的民俗风情等，在抖音平台上得到了广泛传播。西安的历史遗迹、文化景点等成为抖音视频中的热门元素，吸引了大量用户的关注和向往，从而成就了西安"抖音之城"的称号。

除了与社交媒体平台的合作，政府还可以通过自建抖音账号来进行城市形象的传播。在短视频传播的生态中，抖音平台上的内容众多，但也存在内容同质化的问题。政府的官方抖音账号能够为平台注入新的活力，丰富城市形象相关的内容。这些官方账号可以从政府的视角出发，展示城市的规划建设、公共服务、文化传承与创新等多方面内容，为大众提供一个全新的、更具权威性的视角来深入了解和解读城市。

同时，政府在城市形象传播过程中，还承担着正确示范与引导的责任。在抖音等短视频平台上，用户自发传播的内容良莠不齐。政府通过官方账号进行形象传播时，可以为城市形象传播树立正面的典范，引导大众积极传播正面的城市形象元素。例如，政府可以倡导传播城市的文明风尚、环保理念、积极向上的市民生活等内容。并且，政府需要密切关注抖音平台上关于城市形象的舆情动态及其发展走向。在出现不良信息或者负面舆情时，要及时主动发声，与公众进行有效地沟通。通过及时回应公众关心的问题，解释相关政策或者事件真相，政府能够获得公众的理解，增强与公众之间的信任关系，从而塑造良好的城市形象。

2. 提升视频质量

在信息化时代，只有生产出优质的内容才能够吸引更多目标用户，进而实现城市形象的有效提升。优质内容的生产需要具备多方面的特质，其中价值性和创新性是最为关键的要素。

第一，从价值性的角度来看，体现城市形象的内容必须满足受众的多元化需求。受众在观看时，往往有着不同的期待和目的。一部分受众可能希望通过 UGC 了解城市的旅游景点，为自己的旅行计划做准备；另一部分受众可能对城市的文化底蕴、历史传承感兴趣；还有一些受众可能关注城市的美食、商业发展或者生活环境等方面。因此，政府要及时引导用户生成高质量的内容不能仅仅停留在表面的风景呈现，还需要深入挖掘景点背后的历史故事、文化内涵以及与之相关的民俗风情等，为受众提供丰富的、有深度的信息，满足他们对于知识获取和文化体验的需求。

第二，创新性在城市形象短视频制作中同样不可或缺。用户生成的内容中，千篇一律的内容很容易被淹没，只有独特创新的视频才能脱颖而出。抖音平台通过组织抖音达人体验城市是一种非常有效的方式。抖音达人通常是拥有大量的粉丝群体和较高的影响力的用户，他们通过亲身体验城市的生活、文化、旅游等各个方面，能够制作出富有个人特色和创意的传播视频。例如，达人可以以独特的视角记录城市的小众景点、隐藏的美食宝藏或者独特的民俗活动，这些内容往往能够吸引更多用户的关注。

三、经典用户参与案例分析

（一）案例背景与活动设计

城市品牌的塑造离不开有效的用户参与，本案例以某城市举办的线上摄影比赛为核心，探讨其如何通过激励居民参与，来提升城市品牌的知名度与美誉度。

1. 背景

在全球化日益加深的背景下，许多城市面临着如何在竞争中脱颖而出的问题。城市品牌不仅是城市形象的体现，更是吸引游客、投资和人才的重要因素。为了提升品牌的市场竞争力，该城市决定通过一项互动性强的线上活动，吸引居民和潜在游客的关注。城市希望通过用户生成内容（UGC）的方式，展示城市的独特风貌和文化魅力，从而增强品牌的认知度。

2. 活动设计的初衷

本次活动围绕"我的城市风景"这一主题，旨在鼓励居民通过摄影表达他们眼中的城市。这一主题不仅易于引发用户产生共鸣，还能充分展现城市的多样性与城市风貌。活动的初衷是让参与者分享他们与城市的亲密关系，创造出一种归属感和认同感。

通过设置在线平台，城市品牌能够集中展示这些作品，进而形成一个多元化的品牌传播渠道。为了吸引更多的参与者，活动组委会设计了多种奖励机制，包括评选最佳照片、最具创意作品等奖项，鼓励居民积极参与。

3. 宣传渠道与推广策略

活动的宣传将依托社交媒体、地方新闻网站及合作伙伴的网络进行广泛传播。通过制定细致的推广计划，城市品牌希望在活动开始前，通过线上和线下的多种渠道来提升活动的知名度。社交媒体上的活动预告、直播互动以及居民的分享，都是提升活动曝光率的重要手段。此外，活动组委会还与本地知名摄影师和网络红人合作，利用他们的影响力来推广活动。这种策略有效地扩大了活动的受众范围，使得城市品牌能够快速建立起良好的品牌形象，吸引更多居民的参与。

（二）用户参与的积极影响

通过线上摄影比赛，城市品牌实现了有效的用户参与，进而推动了城市品牌形象传播。

在线摄影比赛鼓励用户提交他们的作品，使得用户生成内容（UGC）成为活动的重要组成部分。UGC不仅丰富了城市品牌的传播内容，还增强了品牌的真实性和可信度。研究表明，消费者对UGC的信任度往往高于品牌的官方宣传，因而更容易引发用户产生共鸣。通过展示居民的摄影作品，城市品牌能够以更人性化的方式呈现城市的独特魅力，提升受众的认同感和参与感。此外，摄影作品所传达的情感与故事，使得城市品牌的传播内容更具感染力。当居民分享自己与城市之间的故事时，他们实际上是在为品牌创造一种与用户之间的情感连接，以促使更多的用户关注和参与。这种情感连接不仅提升了品牌的传播效果，还为品牌的长期发展打下了坚实的基础。

本次活动的成功实施不仅提高了城市的知名度，更增强了品牌的社会影响力。随着参与者在社交媒体上分享他们的作品，活动迅速引发了广泛的讨论和关注。用户的积极参与使得活动的信息扩散速度加快，潜在游客对城市的认知度得到了显著提升。研究显示，当城市品牌与用户建立积极的互动关系时，品牌的社会影响力往往会得到提高。例如，一些参与者在分享作品的同时，主动推荐家人和朋友参与活动，形成了自下而上的传播效果。

通过线上摄影比赛，城市品牌在受众心中成功塑造了一个具有活力和亲和力的形象。参与者的创作与分享，使得城市品牌不再仅仅是一个商业符号，而是成为城市文化的一部分。用户的积极反馈与参与，让城市品牌与居民之间的关系更加紧密，形成了良好的品牌形象。此外，通过多样化的作品展示，城市品牌能够在不同的文化语境中展现其独特的城市风貌。这种灵活性和多样性为城市品牌的形象提升创造了条件，使其在更广泛的市场中占据一席之地。

（三）案例结果与总结

通过本次线上摄影比赛，城市品牌在知名度、美誉度和参与度等多个方面取得了显著成效。这一案例为其他城市品牌的用户参与策略提供了有益的借鉴。

1. 知名度的提升

本次活动结束后，城市品牌的知名度显著提升。活动期间，社交媒体上的讨论量和参与人数大幅增加，吸引了大量关注。通过用户分享的作品，城市品牌得以展示其独特的魅力，进而吸引更多游客前来参观。研究显示，用户的积极参与能够直接推动品牌知名度的提升，为品牌的可持续发展创造条件。

2. 旅游业的带动效应

随着品牌知名度的提升，游客数量也随之增加。根据活动后的调查数据显示，参与活动的用户对城市的吸引力表示高度认可，许多人在活动结束后计划到访该城市。这一现象说明，用户参与活动不仅提高了城市品牌的知名度，也对城市的旅游业产生了直接的推动作用。

这种互动式的品牌传播方式不仅能吸引潜在游客，还能够增强现有游客的满意度，使他们愿意再次光临。这种良性循环为城市的经济发展注入了活力，推动了地方经济的多元化发展。

本案例表明，用户参与不仅是城市品牌塑造的关键环节，更是实现品牌价值提升的重要途径。因此，城市品牌需重视用户参与的多样性，建立更为灵活和开放的互动机制。

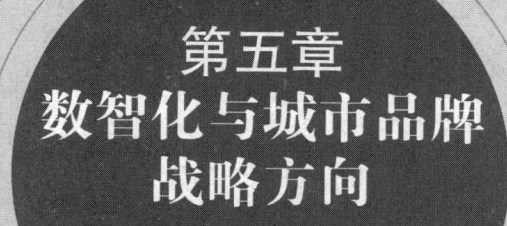

第五章
数智化与城市品牌战略方向

第一节　人工智能与城市品牌策略

一、人工智能在品牌营销中的应用

AI 技术在提升用户体验方面具有显著优势，尤其是通过智能推荐系统为潜在游客提供个性化的旅游建议。

通过分析游客的历史行为和偏好，城市品牌能够创建定制化的推荐系统。这种系统利用 AI 技术，基于用户的搜索记录、点击行为和社交媒体互动，提供符合其兴趣的活动、景点和服务。例如，某城市的旅游应用可以根据用户之前访问过的景点和他们在社交媒体上点赞的内容，自动生成个性化的旅游行程。这种基于人工智能技术的个性化服务不仅使游客感到被重视，还增强了他们与城市品牌之间的情感连接。研究表明，个性化体验显著提升了游客的满意度。一项关于个性化服务影响的研究显示，接受个性化推荐的消费者比未接受的消费者更有可能对品牌产生忠诚感。这种满意度的提升不仅有助于提高游客的回头率，还能够通过口碑传播吸引更多新游客。

智能推荐系统还可以提升用户的互动体验。通过 AI 技术，城市品牌能够向用户推送定制化内容推荐，从而鼓励他们参与到城市的文化活动中。例如，当某个节庆活动即将举行时，系统可以根据用户的兴趣主动发送通知，提醒他们参与。这种主动的沟通方式增强了用户与品牌之间的关系，促进了更广泛的品牌传播。增强用户的参与感不仅有助于提高游客对城市活动的兴趣，还能通过参与活动进一步增强他们对城市品牌的认同感。研究显示，互动式的品牌体验能够显著提升消费者的品牌忠诚度。

二、AI 驱动的城市品牌个性化传播

在个性化传播方面，AI 技术的应用使得城市品牌能够创建更加互动的广告形式。

（一）虚拟助手与实时沟通

虚拟助手和聊天机器人在城市品牌营销中的应用，显著提高了与消费者的互动频率。这些智能系统能够通过自然语言处理（NLP）技术，实时响应用户的询问，提供个性化的内容和建议。例如，当用户通过聊天机器人咨询有关城市活动的信息时，AI 不仅可以即时回答问题，还能基于用户的历史偏好和行为数据，推荐与之相关的活动和景点。这种定制化的服务体验，能够使用户感到被重视和理解，从而增强他们与品牌的情感连接。研究表明，城市品牌传播过程中能够增强互动性和即时沟通可以有效提升用户的参与感。用户在与虚拟助手互动的过程中，会体验到一种主动参与的乐趣，这种体验往往比传统广告更具吸引力。此外，城市品牌通过虚拟助手所收集到的数据，也能不断优化其服务，确保满足消费者日益变化的需求，从而建立起更为紧密的用户关系。

（二）提升品牌忠诚度与市场份额

城市品牌在与用户建立情感连接的过程中，能够显著提高客户的忠诚度，这对于市场份额的扩大至关重要。研究表明，消费者更倾向于对那些能够提供个性化服务的品牌产生忠诚感。根据调查，大约77%的消费者表示，他们愿意与能够提供个性化体验的品牌保持长期关系，这为城市品牌的市场推广提供了重要的参考方向。

品牌通过增强互动性，不仅能够提高用户满意度，还能提高客户留存率。当用户感到被关注和重视时，他们更可能在未来的购买决策中选择同一品牌。这种情感连接促使用户在社交媒体上分享与品牌的积极体验，进一步提高了品牌的曝光率和吸引力。城市品牌通过这种积极的互动和情感连接，不仅能

够巩固现有客户关系，还能够吸引潜在客户，从而实现市场份额的持续增长。

在此过程中，城市品牌的管理者需要关注消费者的反馈，通过数据分析不断调整其个性化传播策略，以确保品牌在快速变化的市场环境中维持竞争优势。通过虚拟助手和聊天机器人的有效应用，城市品牌可以建立深厚的情感纽带，为品牌的长远发展创造条件。

第二节　大数据与城市品牌定位

一、大数据在城市品牌研究中的角色

（一）大数据为城市品牌研究提供全面视角

大数据技术深刻地影响着城市品牌研究的各个方面。在传统的城市品牌研究中，由于数据获取手段的局限性，研究人员往往只能从有限的样本和局部的信息源中获取数据，这使得对城市品牌的理解和把握存在一定的片面性。然而，大数据技术的出现彻底改变了这一局面。

大数据以其具有数据量大（Volume）、类型多样（Variety）、处理速度快（Velocity）以及价值密度低（Value）的"4V"特性。在城市品牌研究中，这些特性发挥着独特的作用。通过收集海量的数据，城市品牌管理者能够突破传统研究的样本限制，能获取更多城市品牌传播需要的数据。例如，获取市民的日常生活消费习惯、游客的旅游行为轨迹、企业在城市中的经营活动细节等。这种全面的数据收集使得城市品牌管理者能够站在一个前所未有的高度，全方位地审视城市品牌在不同层面的表现和影响因素。

1. 市场动态

大数据为城市品牌管理者提供了深入洞察市场动态的有力工具。市场受到众多因素的交互影响，如宏观经济政策、行业发展趋势、新兴技术的冲击

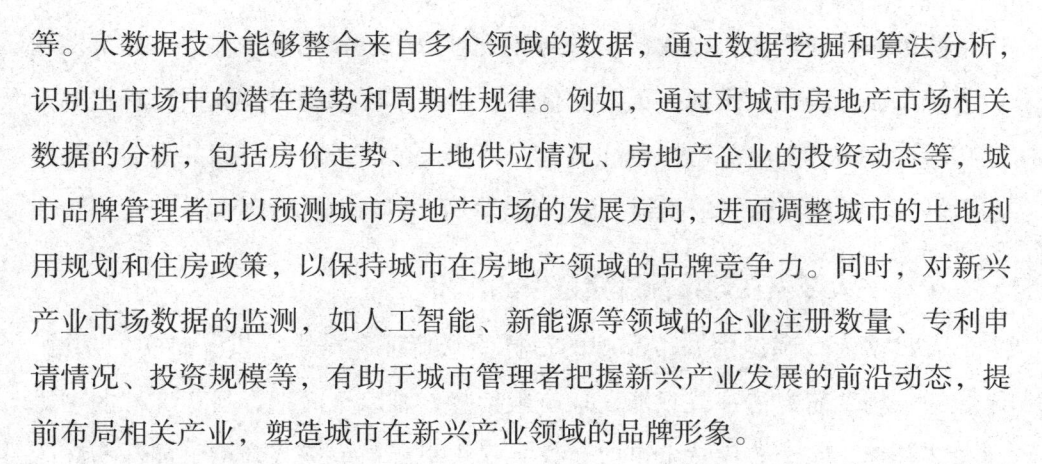

等。大数据技术能够整合来自多个领域的数据,通过数据挖掘和算法分析,识别出市场中的潜在趋势和周期性规律。例如,通过对城市房地产市场相关数据的分析,包括房价走势、土地供应情况、房地产企业的投资动态等,城市品牌管理者可以预测城市房地产市场的发展方向,进而调整城市的土地利用规划和住房政策,以保持城市在房地产领域的品牌竞争力。同时,对新兴产业市场数据的监测,如人工智能、新能源等领域的企业注册数量、专利申请情况、投资规模等,有助于城市管理者把握新兴产业发展的前沿动态,提前布局相关产业,塑造城市在新兴产业领域的品牌形象。

2.消费者行为

在理解消费者行为方面,大数据展现出了独特的优势。消费者的行为受到个人偏好、社会文化、经济状况等多种因素的综合影响。大数据技术能够跟踪消费者在不同场景下的行为数据,如线上的浏览记录、购买行为,线下的消费场所选择、出行方式等。以旅游城市为例,通过分析游客的在线旅游预订平台数据、社交媒体上的旅游分享内容以及在城市内的旅游消费数据(如景点门票购买、餐饮住宿消费等),城市品牌管理者可以深入了解游客的来源地、年龄层次、旅游偏好(如文化旅游、生态旅游还是休闲度假旅游)等信息。这些信息有助于城市品牌管理者根据不同类型游客的需求,打造个性化的旅游产品和服务,优化旅游体验,从而提升城市在旅游市场的品牌吸引力。

3.实现城市品牌差异化竞争

在竞争日益激烈的城市发展格局中,了解竞争环境对于城市品牌定位至关重要。大数据能够帮助城市品牌管理者全面掌握竞争对手的情况,包括其他城市在经济发展、文化建设、旅游资源开发等方面的优势和劣势。例如,通过对周边城市的经济数据(如GDP构成、产业结构、主要企业竞争力等)、旅游数据(如游客接待量、旅游收入、旅游景点口碑等)以及文化活动数据(如文化节庆的规模、影响力、文化产业的发展情况等)的收集和分析，城市品牌管理者可以找出自身与竞争对手的差异化竞争优势。如果发现周边城市在传统旅游资源方面具有优势，本城市可以利用大数据分析挖掘自身在新兴旅游体验（如虚拟现实旅游、特色主题旅游等）方面的潜力，从而在竞争激烈的旅游市场中脱颖而出，塑造独特的城市旅游品牌。

（二）大数据在城市品牌定位中的作用

大数据为准确识别城市品牌的目标受众特征和需求提供了坚实的基础。传统的市场调研方法往往只能获取有限信息，难以全面把握目标客群的多样性和复杂性。而大数据技术可以整合来自多个渠道的受众数据，如社交媒体平台、在线调查问卷、消费行为记录等，构建详细的目标客群画像。例如，通过分析社交媒体平台上用户的点赞、评论、分享等行为数据，以及用户的基本信息（年龄、性别、地域等），城市品牌管理者可以将目标受众细分为不同的群体，如文艺青年、中年的商务旅行者、老年的休闲游客等。针对不同群体的需求特点，城市品牌可以制定差异化的品牌传播策略。对于文艺青年群体，可以重点推广城市的现代文化艺术活动、创意产业园区等；对于中年的商务旅行者，则强调城市的商务设施完善、交通便利等优势。

不同的市场环境对城市品牌有着不同的要求和机遇。大数据能够帮助城市品牌管理者敏锐地感知市场环境的变化，并据此进行准确的品牌定位。在全球化的背景下，城市面临着来自国内外不同城市的竞争压力，同时也面临着各种新兴市场需求增加的机遇。例如，随着全球环保意识的增强，对于生态友好型城市的需求日益增长。城市品牌管理者可以通过分析环境数据（如空气质量、绿化覆盖率、水资源质量等）、相关政策文件以及国际上生态城市的发展案例等大数据资源，将城市定位为生态宜居城市。在品牌传播方面，突出城市的绿色发展理念、环保基础设施建设以及丰富的生态旅游资源等特色，以吸引那些注重生活品质和环境保护的目标受众，以此在市场竞争中占据一席之地。

二、数据驱动的精准品牌定位

数据驱动的精准品牌定位已成为现代城市品牌建设不可或缺的重要步骤。随着城市化进程的加速和城市间竞争的加剧，城市品牌面临着前所未有的挑战和机遇。传统的品牌定位方法往往基于经验判断和有限的市场调研，缺乏对市场全貌的准确把握和对未来趋势的科学预测。而数据驱动的精准品牌定位则借助大数据技术的强大力量，能够深入挖掘海量数据背后隐藏的信息，从而为城市品牌建设提供更为科学、精准的决策依据。在当今信息爆炸的时代，城市品牌所涉及的数据来源广泛且复杂，包括但不限于人口统计信息、经济指标、社交媒体反馈、城市地理信息等。

（一）通过数据分析识别城市品牌的独特优势和市场机会

1. 独特优势

城市品牌的独特优势是其在市场竞争中的核心竞争力所在。通过对各种数据源的深入分析，城市品牌能够清晰地识别出自身区别于其他城市的独特之处。例如，在分析人口统计信息时，可能发现本城市拥有大量高学历、创新能力强的人才储备，这就为城市定位为创新型城市提供了有利的人口基础。结合经济指标分析，如果发现城市的高新技术产业在 GDP 中占比较高，且相关企业的创新能力和市场竞争力较强，那么城市可以进一步强化其在科技创新领域的品牌形象。再从文化角度来看，通过对城市历史文化遗产的保护与开发情况、文化活动的举办频率和影响力等数据的分析，如果发现城市拥有独特的地方文化传统且具有广泛的文化传播潜力，那么可以将城市品牌定位为文化特色鲜明的城市，如"历史文化名城"或者"民俗文化之都"等。

2. 市场机会

识别了独特优势后，政府需要利用数据分析帮助城市品牌发现潜在的市场机会。市场环境是动态变化的，新的需求和趋势不断涌现。通过对社交媒体反馈、新兴消费趋势数据等的分析，城市品牌可以及时捕捉到这些市场信号。例如，随着健康生活理念的普及，对健康养生旅游的需求逐渐增加。如果城市拥有丰富的自然资源（如温泉、森林等）和健康养生相关的产业基础（如中医养生机构、有机农业等），通过分析旅游市场数据、健康产业数据以及社交媒体上关于健康养生话题的讨论热度等，城市品牌管理者可以发现将城市定位为"健康养生旅游目的地"的市场机会。然后，围绕这一定位，整合城市的旅游资源、健康养生资源，打造相关的旅游产品和服务，满足市场需求，提升城市品牌在健康养生旅游城市的市场竞争力。

（二）数据分析为品牌策略制定提供科学依据

数据驱动的品牌策略制定过程是一个基于严谨数据分析的科学决策过程。在制定品牌策略之前，需要对大量的数据进行收集、整理和分析。这些数据涵盖了城市品牌的各个方面，如目标受众的需求和行为特征、竞争城市的品牌策略和市场表现、城市自身的资源禀赋和发展潜力等。例如，在确定品牌传播策略时，通过分析目标受众在不同媒体平台上的行为数据（如浏览时间、互动频率等），可以确定最适合传播城市品牌信息的媒体渠道组合。如果目标受众主要是年轻人群体，且他们在社交媒体平台上的活跃度较高，那么城市品牌的传播策略就可以重点考虑社交媒体平台的创意内容制作和推广。同时，通过分析竞争城市在同一媒体平台上的品牌传播效果，如点赞数、转发数等，可以借鉴其成功经验或避免其失败之处，从而制定出更具科学性和竞争力的品牌传播策略。

基于数据分析的品牌策略具有很强的针对性。由于对目标受众、市场环境和城市自身资源等有了深入地了解，城市品牌策略能够精准地针对特定的市场需求和竞争态势。例如，在城市旅游品牌策略制定方面，如果数据分析表明城市的主要目标受众是以家庭为单位出行的游客，且他们对亲子互动体验类旅游项目需求较大。那么城市品牌可以针对性地打造一系列亲子旅游产品，如亲子主题公园、亲子互动体验农场等，并在品牌宣传中突出这些亲子旅游项目的特色和优势，如安全、有趣、富有教育意义等。这种针对性的品牌策略能够更好地满足目标受众的需求，提高城市品牌在目标市场中的吸引力和竞争力。

第三节 数智技术助力城市品牌建设

一、大数据助力精准营销

在数字化时代，大数据技术为城市品牌战略提供了前所未有的数据收集与分析能力。社交媒体平台是城市管理者获取用户偏好等数据的重要来源之一，数以亿计的用户在社交媒体上分享他们对城市的印象、体验和看法。这些数据包含了丰富的情感信息、关注点以及口碑传播内容。例如，微博上用户关于城市旅游景点的打卡照片、旅游攻略分享，以及对城市服务质量的评价等。

城市交通数据也是城市数据的重要组成部分。如交通流量、车速、拥堵点等数据反映了城市的交通运行状况，间接影响着城市在居民和游客心目中的形象。旅游消费数据同样不容忽视，包括酒店预订、景区门票销售、餐饮消费等方面的数据。通过分析这些数据，可以了解游客的消费习惯、消费水平以及消费偏好。

借助先进的数据挖掘技术，城市品牌管理者能够从这些海量数据中提取有价值的信息。数据挖掘涉及多种算法和模型，如聚类分析、关联规则挖掘等。聚类分析可以将具有相似特征的城市数据进行分类，例如将对城市文化感兴趣的游客根据其消费行为和兴趣点进行聚类，以便更好地了解不同群体的需求。关联规则挖掘则能够发现数据之间的潜在联系，例如发现旅游旺季与特定旅游景点周边酒店价格上涨之间的关联。

通过对大数据的深入分析，为城市品牌管理者决策调整提供依据。以城市交通拥堵问题为例，如果大数据分析显示某一区域在特定时间段内频繁出现交通拥堵，且社交媒体上有大量用户对此表示不满，管理者就可以深入探究拥堵的原因。可能是道路规划不合理、公共交通运力不足或者周边商业活动过于集中等因素导致的。

基于这些分析结果，管理者可以制订有针对性的解决方案。在道路规划方面，可以考虑拓宽道路、优化路口交通信号设置等措施；在公共交通方面，可以增加公交线路、提高公交车辆的频次或者引入新型的公共交通方式，如快速公交系统（BRT）或轻轨等；同时，还可以对周边商业活动进行合理的规划和引导，分散人流和车流。这些改进措施不仅能够改善城市的交通状况，还能将城市打造成为一个高效、便捷的出行目的地，从而提升城市品牌形象。

二、人工智能在城市品牌精准营销中的用户画像构建

人工智能技术在城市品牌战略中的应用是基于大数据分析结果的进一步深化。其中，构建用户画像对于实现精准营销至关重要。用户画像通过整合多种数据来源，包括用户的基本信息（年龄、性别、地域等）、在线行为（浏览历史、搜索记录等）以及消费数据等，构建出一个虚拟的用户模型。以城市旅游营销为例，人工智能算法可以根据游客在旅游预订平台上的浏览历史，判断其对旅游目的地的偏好。如果一个用户频繁浏览历史文化名城的旅游信息，那么他可能对其有着浓厚的兴趣。同时，结合用户在社交媒体上的点赞、评论等行为，可以进一步细化其兴趣爱好。例如，他可能对特定历史时期的建筑风格或者古代文化名人的故居特别感兴趣。

三、个性化营销内容推送与城市品牌竞争力提升

基于构建好的用户画像，城市品牌可以实现个性化的营销内容推送，从而提升其在市场中的竞争力。对于不同的用户群体，城市品牌可以定制不同的营销方案。例如，针对年轻的背包客群体，他们通常追求独特的旅游体验

且预算有限，城市可以推送一些小众但富有特色的景点、实惠的青年旅社以及当地的街头美食文化等信息。而对于高消费能力的旅行者，城市可以重点宣传其高端的商务酒店、现代化的会议设施以及丰富的高端商业活动等内容。这种个性化的营销内容能够更好地满足消费者的需求，提高营销内容与目标用户的匹配度。与传统的营销方式相比，个性化营销能够更有效地吸引消费者的注意力，激发他们的兴趣，进而促使他们选择该城市作为旅游目的地或投资、居住的地方，从而提升城市品牌的市场竞争力。

第六章
增强现实与虚拟现实中的城市品牌体验

第一节　AR与VR技术概述

一、增强现实的技术基础

增强现实（AR）作为一种将虚拟信息与现实世界巧妙融合的技术，其背后有着复杂而多元的技术支撑体系。

（一）计算机图形学

计算机图形学是AR技术的核心基础，在整个增强现实系统中发挥着极为关键的作用。它涵盖了众多复杂的技术和算法，旨在生成与现实世界进行融合的虚拟图像、动画以及其他视觉元素。

首先，构建虚拟对象的几何形状是一个基础且重要的环节。这需要依据具体的应用需求，通过精确的数学模型来描述虚拟对象的形状特征。例如，在创建一个用于展示古代建筑修复效果的AR应用时，对于古建筑的柱子、横梁、斗拱等结构部件，图形学算法要精确地定义它们的形状、尺寸比例以及相互之间的连接关系，以构建出一个准确的三维几何模型。

外观纹理的构建同样是计算机图形学在AR中的重要任务。虚拟对象的纹理能够极大地增强其真实感和视觉吸引力。以一款AR汽车展示应用为例，汽车的车身表面纹理需要细致地模拟，从车漆的光泽度、颜色渐变到表面的微小划痕等细节都要考虑在内。对于不同类型的车漆，如金属漆、珠光漆等，其独特的光学反射特性也要通过图形学算法准确地呈现出来，使得虚拟汽车在各种光照条件下都能展现出逼真的外观效果。

光影效果的模拟是计算机图形学在AR中的挑战之一。现实世界中的光影是复杂多变的，受到多种因素的影响，如光源的类型（点光源、平行光源等）、强度、颜色，以及周围环境对光线的反射、折射和散射等。在AR应

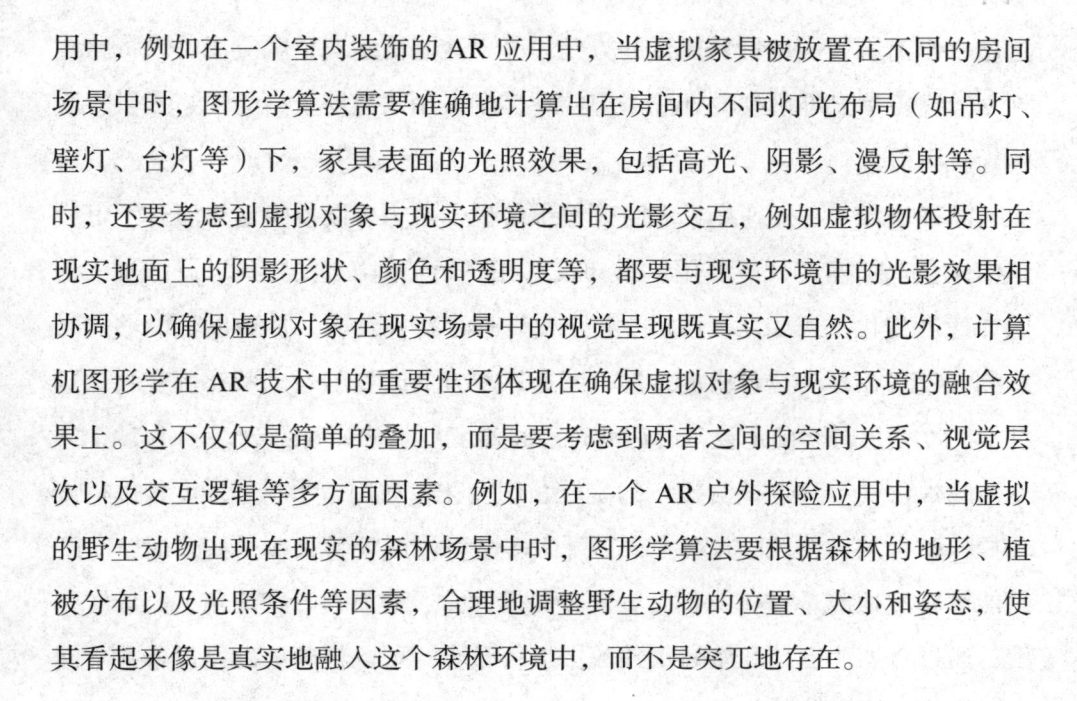

用中，例如在一个室内装饰的 AR 应用中，当虚拟家具被放置在不同的房间场景中时，图形学算法需要准确地计算出在房间内不同灯光布局（如吊灯、壁灯、台灯等）下，家具表面的光照效果，包括高光、阴影、漫反射等。同时，还要考虑到虚拟对象与现实环境之间的光影交互，例如虚拟物体投射在现实地面上的阴影形状、颜色和透明度等，都要与现实环境中的光影效果相协调，以确保虚拟对象在现实场景中的视觉呈现既真实又自然。此外，计算机图形学在 AR 技术中的重要性还体现在确保虚拟对象与现实环境的融合效果上。这不仅仅是简单的叠加，而是要考虑到两者之间的空间关系、视觉层次以及交互逻辑等多方面因素。例如，在一个 AR 户外探险应用中，当虚拟的野生动物出现在现实的森林场景中时，图形学算法要根据森林的地形、植被分布以及光照条件等因素，合理地调整野生动物的位置、大小和姿态，使其看起来像是真实地融入这个森林环境中，而不是突兀地存在。

（二）传感器技术

传感器技术是 AR 技术得以实现的重要支撑，多种传感器协同工作，为 AR 系统提供了关于现实世界的丰富信息，从而确保虚拟场景能够准确无误地叠加到现实世界中的相应位置。摄像头作为 AR 技术中最为常用的传感器，具有不可替实时捕捉现实场景的图像信息，这些图像数据成为后续一系列操作的基础。在图像识别技术的支持下，摄像头可以识别出场景中的各种元素，包括特定物体、平面或标记点等。例如，在 AR 教育应用中，摄像头可以识别出课本上的特定图案或文字内容，然后根据识别结果触发相应的虚拟教学内容的展示，如三维立体的生物模型、历史事件的动画演示等。在 AR 工业维修领域，摄像头可以识别复杂机器设备上的零部件标识或故障点，为维修人员提供直观的虚拟维修指导信息。除了识别特定物体外，摄像头还在确定用户位置和方向方面发挥着重要作用。在 AR 导航应用中，这一功能体现得尤为明显。摄像头不断捕捉街道的图像信息，通过对道路标识（如交通标志、路牌等）、建筑物轮廓等特征的识别，结合地图数据和定位算法，精确地确定用户当前所处的位置和行走的方向。基于这些信息，导航应用可以将路线规划等虚拟信息准确地叠加到对应的现实场景中的道路上，为用户提供直观的导航指引。

除了摄像头，加速度计和陀螺仪等传感器在 AR 设备中也扮演着不可或缺的角色。加速度计主要用于感知设备在三个轴向（通常为 x、y、z 轴）上的加速度变化。例如，当用户手持 AR 设备进行移动时，加速度计能够实时检测到设备在移动过程中的加速、减速以及方向改变等运动状态的变化。这种加速度信息对于确定设备的运动轨迹和速度是非常关键的。

陀螺仪则专注于检测设备的旋转角度变化。在用户手持 AR 设备进行旋转操作时，例如在 AR 游戏中，当玩家转动身体或手臂来改变视角时，陀螺仪能够精确地测量设备绕各个轴向（如俯仰角、偏航角、翻滚角）的旋转角度。通过将加速度计和陀螺仪的数据进行整合，可以精确地确定设备在空间中的姿态，即设备的位置和方向。这一信息对于确保虚拟对象在现实场景中的叠加位置和角度始终正确是至关重要的。无论用户是在行走、奔跑还是进行各种复杂的身体动作时，AR 系统都能够根据这些传感器提供的数据，实时调整虚拟对象在现实场景中的显示位置和角度，从而为用户提供稳定、准确的增强现实体验。

（三）数据处理能力

在 AR 应用中，数据处理能力是保障整个系统流畅运行和提供准确体验的核心要素之一。AR 应用涉及海量数据的处理，这些数据来源广泛，包括从各种传感器获取的关于现实世界的大量数据。

在处理从摄像头获取的图像数据时，AR 系统需要进行一系列复杂且实时性要求极高的操作。首先是特征提取，这一过程旨在从图像中找出那些具有代表性和区分性的特征点或特征区域。例如，在一个基于 AR 的人脸识别应用中，系统需要从摄像头捕捉的人脸图像中提取出眼睛、鼻子、嘴巴等关键部位的特征点，这些特征点能够唯一地标识出不同的人脸个体。特征提取过程涉及复杂的图像处理算法，如基于卷积神经网络（CNN）的算法，它能够自动学习图像中的特征模式，从而提高特征提取的准确性和效率。

目标识别是在特征提取的基础上进行的另一项重要操作。基于提取的特征，系统需要将这些特征与预定义的目标模型进行匹配，以确定图像中是否存在特定的目标物体。在 AR 博物馆导览应用中，摄像头捕捉到展厅内的文物展品图像后，系统通过目标识别算法，将图像中的文物特征与数据库中的文物模型进行匹配，从而识别出展品的名称、年代、历史背景等信息。这一过程同样需要大量的计算资源，尤其是在处理复杂场景中的多个目标时，计算量会呈指数级增长。

除了图像数据的处理，对于虚拟对象的渲染以及与现实场景的融合也需要高效的数据处理能力。在 AR 游戏等应用中，当同时出现多个复杂的虚拟角色和特效时，数据处理系统面临着巨大的挑战。例如，在一个 AR 魔幻游戏中，可能会同时出现多个具有不同技能和动作的虚拟魔法生物，每个生物都有其独特的外观、动作模式和行为逻辑。数据处理系统需要快速地计算每个虚拟元素的位置、动作以及与现实场景的交互效果。

为了满足这些数据处理需求，AR 设备通常配备有高性能的处理器。这些处理器采用了先进的架构和技术，如多核处理器、并行计算技术等，以提高数据处理的速度和效率。同时，为了进一步减轻本地设备的计算负担，许多 AR 应用采用了优化的数据处理算法，其中基于云计算的分布式计算模式是一种常见的解决方案。在这种模式下，部分计算任务被分配到云端服务器进行处理。云端服务器具有强大的计算能力和海量的存储资源，可以快速地处理复杂的计算任务，如大规模的图像识别、复杂虚拟对象的渲染等，然后将处理结果返回给本地设备，本地设备只需进行一些简单的后续处理和显示操作。

二、虚拟现实的技术基础

虚拟现实（VR）致力于创建一个完全沉浸式的虚拟环境，其技术基础同样涉及多个领域。

（一）计算机图形学与三维建模

在 VR 技术需要构建一个完整的、高度逼真的三维虚拟世界，三维建模技术是创建这个虚拟世界的基础，从虚拟场景中的地形地貌、建筑结构到物体的细节纹理，都需要精心构建。例如，在一款 VR 游戏中，要创建一个中世纪的城堡场景，三维建模师需要根据历史资料和艺术想象，构建城堡的建筑结构（包括城墙、塔楼、护城河等），并为每一个建筑元素添加细致的纹理（如城堡墙壁上的砖石纹理、木质城门的木纹等）。同时，计算机图形学还要处理虚拟世界中的光照效果，模拟不同类型的光源（如太阳、火把、魔法光等）在虚拟场景中的传播和反射，以及阴影的生成（如硬阴影、软阴影等），以营造出逼真的视觉效果。此外，为了提高虚拟世界的真实感和沉浸感，还需要考虑物体的物理特性建模，如物体的质量、弹性、摩擦力等，以便在用户与虚拟环境交互时能够产生符合物理规律的反应。

（二）传感器与追踪技术

VR 技术高度依赖传感器和追踪技术来实现用户在虚拟环境中的沉浸式体验。VR 头显通常配备有多种传感器，其中最关键的是头部追踪传感器。头部追踪传感器可以精确地检测用户头部的位置和方向变化，将这些信息实时反馈给计算机系统，从而使计算机能够根据用户的头部动作调整虚拟场景的视角，让用户感觉自己仿佛真的在虚拟世界中。例如，在 VR 飞行模拟游戏中，当用户转头查看周围环境时，头部追踪传感器会立即将头部的转动角度传递给游戏系统，游戏系统则相应地更新虚拟驾驶舱外的飞行场景，让用户看到不同方向的天空、山脉或敌机等。除了头部追踪，一些更高级的 VR 系统还会配备手部追踪设备，如手柄或手套式追踪器。这些设备可以追踪用户手部的位置、动作和手势，使用户能够在虚拟环境中进行交互操作，如抓取虚拟物体、按下虚拟按钮等。

（三）高性能计算与渲染

为实现 VR 环境的高度逼真需要强大的计算能力来进行实时渲染。由于 VR 场景需要以极高的帧率（通常要求至少 90Hz 甚至更高）进行渲染，以避免画面延迟和眩晕感，这对计算机的图形处理单元（GPU）提出了很高的要求。在 VR 场景中，每一个画面都需要渲染出两个略有差异的视图（分别对应用户的左右眼），以实现立体视觉效果。这意味着计算量是普通二维画面渲染的两倍以上。例如，在一个复杂的 VR 建筑漫游应用中，当用户在虚拟建筑内部移动时，计算机需要实时渲染出建筑内部的各个房间、家具、装饰等细节，同时还要考虑光线的反射、折射以及阴影的变化等因素。为了满足这种高性能计算的需求，VR 系统通常采用高端的 GPU 或者多 GPU 并行计算的方式，并且不断优化渲染算法，如采用基于光线追踪的渲染技术来提高画面的真实感。

（四）音频技术

音频在 VR 体验中起着不可或缺的作用，它能够增强用户的沉浸感。VR 中的音频技术需要根据用户在虚拟环境中的位置和动作，提供逼真的三维音效。这意味着声音的来源方向、距离感以及环境音效都需要被精确模拟。例如，在 VR 游戏中，当一个怪物从用户背后靠近时，音频系统会根据怪物与用户的距离和方向，调整声音的响度、音色以及回声效果，让用户能够通过声音准确地感知怪物的位置和移动方向。为了实现这种三维音效，VR 音频技术采用了多种方法，如基于头部相关传递函数（HRTF）的音频处理算法。HRTF 算法根据人耳对不同方向声音的感知特性，通过对音频信号进行特殊的滤波处理，模拟出声音从不同方向传入人耳的效果，从而为用户提供逼真的三维音频体验。

三、AR 与 VR 的区别与应用场景

（一）AR 与 VR 的区别

增强现实（AR）与虚拟现实（VR）在技术原理、用户体验和应用场景上有着显著的差异。AR 技术是通过将虚拟信息（如图像、文本或音频）叠加在现实世界中，从而增强用户的环境感知。使用 AR 技术，用户可以在真实环境中同时看到虚拟信息。例如，博物馆利用 AR 技术，向参观者展示历史文物的三维图像，或者通过智能手机应用让用户在现实世界中查看虚拟的艺术品。

相较之下，VR 技术则创建了一个完全虚拟的环境。用户通过佩戴 VR 头盔，能够沉浸在计算机生成的三维世界中，享受身临其境的体验。VR 技术在模拟训练、虚拟旅游和游戏中应用广泛，例如，用户可以通过 VR 体验未来城市的规划，感受新的建筑和交通设计。这种沉浸式体验能够让用户在虚拟环境中自由探索和互动。

在体验上，AR 通常与用户的现实环境相结合，提供补充信息，而 VR 则使用户完全脱离现实，进入一个全新的虚拟世界。这使得两者在应用场景上各具优势，AR 更适合于需要实时互动和信息展示的场景，而 VR 则适用于深度体验和模拟的场景。

（二）应用场景

1.AR 的应用场景

增强现实（AR）技术凭借其独特的将虚拟信息与现实世界融合的能力，在众多领域展现出了巨大的应用潜力。

（1）教育领域

在教育领域，AR 技术正在引发一场学习方式的变革，为学生提供了前所未有的互动式学习体验。传统的教育模式往往受限于二维的教材和静态的教具，而 AR 技术打破了这种限制。通过专门设计的 AR 应用，学生能够将

教科书中原本平面、抽象的内容与丰富的虚拟信息相结合,实现动态、立体地展示。

在地理学科中,AR可以将地形地貌、气候现象等内容以三维模型的形式展示在现实环境中,让学生更直观地感受地球的自然特征。例如,通过AR应用,学生可以看到山脉的起伏、河流的流向,以及不同气候带的植被分布等。在历史学科中,AR能够重现历史场景,如古代战争的战场布局、古代建筑的建造过程等,使学生仿佛置身于历史的长河之中,增强他们对历史事件和文化的理解与记忆。在物理学科中,AR可以用于演示物理现象,如力的作用效果、电磁感应现象等,通过可视化的方式帮助学生理解抽象的物理概念。

博物馆和展览场所也是AR技术在教育领域的重要应用场景。博物馆作为文化传承和知识传播的重要场所,传统的展示方式往往只能提供有限的信息。而AR技术为博物馆和展览带来了全新的展示模式。当访客使用AR设备参观展品时,AR应用可以识别展品并为其提供丰富的多媒体信息。这些信息可能包括展品的制作工艺、历史背景、文化意义等文字介绍,还可能包括与展品相关的动画演示、音频讲解等。例如,对于一件古代青铜器,AR应用不仅可以展示其出土的地理位置、所属朝代等基本信息,还可以通过动画演示其制作过程,从矿石的开采、冶炼到青铜器的铸造、打磨等环节,让访客深入了解古代青铜器的制作工艺和文化价值。这种基于AR技术的多媒体展示方式能够吸引访客的注意力,激发访客的学习兴趣,使他们在参观过程中获得更加深入和全面的知识体验。

(2)商业领域

在商业领域,AR技术已经成为一种创新的营销工具。

AR技术为品牌提供了一种极具吸引力和创新性的宣传方式。传统的广告形式往往是单向的信息传递,消费者处于被动接受的地位。而AR广告则能够打破这种模式,为消费者带来互动和沉浸式的体验。例如,在户外广告中，品牌可以利用 AR 技术将平面的广告画面转化为互动式的体验场景。消费者通过手机摄像头扫描广告画面，即可触发 AR 效果，看到与品牌相关的虚拟动画、视频或 3D 模型。比如，汽车品牌的户外广告可以让消费者通过 AR 扫描看到汽车的内部结构、不同颜色和配置的车型展示，以及汽车在不同路况下的行驶效果等。

在购物体验方面，AR 技术大大提高了消费者的参与感。许多品牌已经开始利用 AR 应用让消费者在购买前试用产品。在服装行业，消费者可以通过手机摄像头将自己的身体影像作为背景，然后在虚拟环境中试穿各种款式和颜色的服装。AR 应用能够根据消费者的身材数据，准确地展示服装的穿着效果，包括服装的合身程度、款式搭配等。消费者还可以通过手势操作或设备的交互功能，对试穿的服装进行旋转、缩放等操作，以便从不同角度查看穿着效果。

在家居行业，AR 技术同样改变了消费者的购物方式。消费者可以使用 AR 应用，通过手机摄像头查看家居家具在自家空间的效果。例如，当消费者想要购买一款沙发时，他们可以在 AR 应用中输入自家客厅的尺寸数据，然后选择想要购买的沙发款式。AR 应用会根据客厅的空间大小和布局，将虚拟的沙发模型准确地放置在客厅的相应位置，消费者可以看到沙发的大小、颜色、款式是否与客厅的装修风格相匹配，还可以调整沙发的摆放位置，查看不同布局下的视觉效果。

2.VR 的应用场景

虚拟现实（VR）技术以其高度的沉浸感在多个领域得到了广泛应用。尤其在需要深度沉浸体验的场景中发挥着重要作用。

（1）旅游行业

在旅游行业，VR 技术为用户带来了一种全新的旅游体验模式，即虚拟旅游。随着人们生活水平的提高，旅游需求不断增加，但由于时间、经济、身体等因素的限制，很多人无法亲自前往心仪的旅游目的地。VR 技术为这些人提供了一种解决方案。

许多旅游公司开始利用VR技术展示目的地的风景和文化。通过VR设备，潜在游客可以仿佛置身于旅游目的地之中，体验当地的自然风光、人文景观和民俗文化。例如，对于那些想要去非洲大草原旅游但由于各种原因无法成行的游客来说，他们可以通过VR设备体验在大草原上观看野生动物迁徙的壮观场景。VR技术可以模拟出大草原的广袤无垠、动物的奔跑姿态、阳光的照射角度等，让游客感受到身临其境的震撼。在文化旅游方面，VR可以带游客深入了解当地的历史文化遗产。比如，游客可以通过VR设备参观古老的寺庙、城堡等建筑，了解其建筑风格、历史背景和文化内涵。VR设备可以展示建筑内部的精美壁画、雕塑等文物，并且可以通过语音讲解、动画演示等方式为游客提供更加丰富的文化信息。这种虚拟旅游的方式不仅可以满足人们的旅游需求，还可以为城市进行宣传推广，吸引更多的游客前往。

（2）游戏行业

在游戏行业，VR技术的应用为玩家带来了前所未有的沉浸式游戏体验，吸引了大量玩家的参与。

传统的游戏主要通过屏幕显示和手柄操作来实现玩家与游戏环境的交互，而VR游戏则将玩家完全带到游戏世界之中。在VR游戏中，玩家通过头戴式VR设备，可以看到一个全方位的虚拟游戏环境，仿佛自己就置身于游戏场景之中。例如，在一款科幻题材的VR游戏中，玩家可以身临其境地体验在宇宙飞船中驾驶、与外星生物战斗等场景。VR游戏的交互方式也更加多样化，除了传统的手柄操作外，还可以利用身体动作、语音指令等进行交互。例如，玩家可以通过身体的倾斜、转动来控制游戏角色的移动方向，通过挥动手臂来进行攻击或操作游戏中的道具。这种沉浸式的游戏体验让玩家能够更加深入地融入游戏情节之中，感受到游戏的乐趣和刺激。同时，VR游戏还可以根据玩家的行为和选择生成不同的游戏情节，增加游戏的重玩价值。例如，在一款角色扮演类VR游戏中，玩家的不同选择会导致不同的剧情发展和结局，这种非线性的游戏设计为玩家提供了更加丰富的游戏体验。

第二节　增强现实在城市品牌建设中的应用

一、历史遗迹的重建与文化体验

（一）历史遗迹的数字重建

增强现实（AR）技术在历史遗迹数字重建方面有着独特的技术原理和实现方式。AR技术基于计算机视觉、三维建模和空间定位等技术，能够将虚拟的历史建筑模型精确地叠加到现实世界中的遗址位置上。首先，需要对历史建筑进行深入研究和资料收集，包括建筑的历史图纸、考古报告、历史照片等。这些资料是构建虚拟模型的基础。然后，利用三维建模软件，如Maya、3ds Max等，根据收集到的资料创建出高度还原的历史建筑三维模型。在建模过程中，要严格遵循历史建筑的结构、比例、材质等细节要求。例如，对于古建筑的斗拱结构，建模师需要精确地还原其复杂的榫卯连接方式和装饰纹理。接着，通过AR开发工具包，如ARKit和ARCore，将创建好的三维模型与现实世界进行定位和融合。这些工具包利用设备的摄像头、传感器（如陀螺仪、加速度计）等获取现实环境的信息，确定用户的位置和视角方向，从而将虚拟模型准确地显示在对应的遗址位置上。例如，当游客站在古代宫殿遗址前，AR设备能够根据遗址的地理位置坐标和用户的设备姿态，将虚拟的宫殿建筑完美地叠加在遗址之上，让游客仿佛穿越时空，看到宫殿昔日的辉煌。

这种历史遗迹的数字重建对游客的历史认知和文化体验有着积极的影响。从历史认知的角度来看，传统的历史遗迹展示往往只能让游客看到遗址的残垣断壁，游客需要通过大量的文字介绍和自己的想象来还原建筑的原貌。而AR技术提供的虚拟重建则直接将历史建筑的完整形象呈现在游客眼前，使游客能够直观地了解建筑的规模、布局、建筑风格等方面的信息。例如，对于一些已经消失的古代城墙，游客可以通过 AR 看到城墙的高度、厚度、城门的位置和样式等，这有助于他们更好地理解古代城市的防御体系和城市规划。在文化体验方面，AR 技术为游客带来了更加生动、沉浸式的体验。游客不再是简单地观看静态的遗址，而是能够与虚拟的历史建筑进行互动。他们可以围绕虚拟建筑漫步，从不同的角度观察建筑的细节，感受建筑在不同时间和季节下的光影变化。这种互动性使游客更加深入地融入历史文化的氛围中，增强了他们对城市历史文化的认同感。例如，在一些文化名城，游客可以通过 AR 体验到古代寺庙的宗教仪式场景，听到虚拟僧侣的诵经声，这种多感官的文化体验能够让游客更加深刻地感受到城市独特的宗教文化底蕴。

（二）文化与节庆活动的生动展示

AR 技术利用虚拟信息呈现城市文化活动和节庆。在特定地点，AR 可以通过多种方式展示与当地文化活动相关的虚拟信息。一种常见的形式是在现实场景中叠加与文化活动相关的动画或视频内容。例如，在一个传统的民俗节庆期间，当游客走到城市的中心广场时，通过 AR 设备可以看到广场上虚拟的舞龙舞狮表演，这些虚拟表演的动作、色彩和音乐都与传统的民俗文化相契合。而且，这些虚拟表演可以根据游客的视角进行动态调整，使游客获得最佳的视觉体验。另一种形式是在现实场景中显示与文化活动相关的文字、图片或图标等信息。比如在一个艺术展览的场馆周围，AR 可以在墙壁上显示出艺术家的生平介绍、作品的创作背景等文字信息，同时还可以在展品旁边显示出相关的艺术流派图标或其他辅助说明图片。这些虚拟信息与现实场景紧密结合，为游客提供了更加全面、深入的文化活动信息。

在一些有传统舞蹈表演的节庆活动中，游客可以通过 AR 设备参与到虚拟的舞蹈互动中。他们可以跟随虚拟舞者的动作进行模仿，AR 设备会根据游客的动作进行实时反馈，给予评分或奖励。这种互动参与使游客更加深入地体验到文化活动的乐趣和内涵。通过这种互动体验，游客对城市文化的认同感和归属感也得到了显著增强。当游客积极参与到城市的文化活动中，深入参与到当地的传统文化活动时，他们会更加深刻地理解城市文化的独特魅力。这种理解会转化为对城市的喜爱和认同，使游客不仅仅是短暂的城市文化体验者，更是城市文化的传播者。例如，游客在参与了某个城市的传统节庆活动的 AR 互动体验后，会更愿意在社交媒体上分享自己的经历，向更多的人介绍这个城市的文化特色，从而提升城市品牌的知名度和美誉度。

二、个性化城市导览与信息服务

（一）个性化

AR 导航系统在为游客提供个性化城市导览服务方面具有诸多独特的功能和显著的优势。首先，AR 导航系统能够实时感知游客的位置和周围环境。它利用 GPS、传感器（如陀螺仪、加速度计）以及摄像头等设备，精确地确定游客在城市中的地理位置，并获取周围环境的视觉信息。例如，当游客在一个陌生的城市中漫步时，AR 导航系统可以准确地知道游客所在的街道、路口等具体位置。其次，AR 导航系统能够根据游客的个性化需求提供定制化的导航信息。游客可以在导航系统中设置自己感兴趣的地点类型，如美食餐厅、历史文化景点、时尚购物场所等。导航系统会根据游客的设置，筛选出符合要求的附近地点，并在 AR 视图中以直观的方式显示出来。例如，如果游客对美食感兴趣，导航系统会在 AR 视图中突出显示附近的各类餐厅，包括餐厅的名称、距离、评分等信息。而且，AR 导航系统还可以根据游客的行程安排和时间预算，为游客规划最佳的游览路线。

传统的导航系统通常以二维地图和文字说明为主，游客需要花费一定的精力去理解地图信息和导航指示。而 AR 导航系统则直接将导航信息叠加在现实场景中，游客只需按照 AR 视图中的指示箭头和标记就能轻松找到目的地。例如，当游客寻找一家特色咖啡店时，AR 导航系统会在现实场景中显示出指向咖啡店的箭头，同时在咖啡店的位置上显示出咖啡店的招牌和一些特色饮品的图片,这种直观的导航方式极大增强了游客的探索乐趣。从城市品牌的角度来看,个性化的AR导航服务提高了城市品牌的美誉度。当游客能够方便、快捷地找到自己感兴趣的城市地点时,他们对城市的满意度会提高。游客在享受良好的导览服务过程中,会对城市的旅游设施和服务水平留下良好的印象,进而对整个城市品牌产生积极的评价。而且,游客在探索城市的过程中,会更多地接触到城市的各个角落,包括一些小众的、具有特色的地方,这有助于丰富城市品牌的内涵,使城市品牌更有吸引力。

(二)互动性

AR导览应用中的任务或挑战设置是构建互动式导览体验的核心要素,其形式丰富多样且深度融合城市元素,展现出高度的创新性。在历史文化底蕴深厚的城市中,任务与挑战的设置犹如一把开启城市记忆宝库的钥匙,为游客提供了深入探索城市内涵的独特路径。以历史知识问答任务为例,这种任务设置巧妙地将城市的历史脉络编织其中。当游客抵达特定的历史景点时,AR导览应用会精准地向游客推送与该景点紧密相关的历史知识。例如,在参观一座古老的宫殿建筑群时,应用可能会提出"这座宫殿建筑群在建筑风格上融合了哪些朝代的特色元素,并且这些元素是如何在建筑结构和装饰细节上体现的?"这一问题的设置并非简单的历史事实考查,而是涉及建筑史学、艺术史等多学科领域的知识综合。游客需要从建筑的整体布局(如中轴线对称、庭院式布局等传统中国建筑特色)、建筑结构(如斗拱的形制、梁架结构等不同朝代的演变特征)以及装饰细节(如壁画的题材、雕刻的图案等所蕴含的历史文化寓意)等多方面进行观察和分析。他们可以借助AR应用提供的虚拟信息辅助,如建筑上通过增强现实技术呈现的年代标记解读、历史人物雕像背后隐藏的详细介绍等,同时也需要调用自己在游览之前所积累的城市导览知识储备,进行全面而深入的思考,从而得出答案。

探索任务则是另一种富有创意的互动任务,它将城市的地理环境与文化传说有机结合。例如,在一个充满传奇故事的古老城市街区,AR导览应用可以设定寻找与城市传说相关的虚拟宝物任务。这些虚拟宝物可能是根据当地民间传说中的神秘物件进行数字化创作的,如传说中守护城市的神兽所遗留的鳞片(以虚拟宝物的形式呈现)。游客需要依据AR应用给出的线索在现实场景中展开探索。这些线索的设计结合了城市地理环境,从古老的街巷布局到标志性的建筑方位,从自然地貌特征到人文景观元素。例如,线索可能是"宝物隐藏在与城市起源传说相关的古老水井附近,该水井位于三条古老街巷的交汇处,周围有特定风格的传统建筑"。在探索过程中,AR应用会根据游客的实时位置和动作提供动态提示,如"你已经接近三条街巷的交汇处,请注意观察周围建筑风格的变化,宝物可能就在具有独特雕刻图案的建筑附近"或者"你离宝物的隐藏地点越来越近了,调整你的视角,往左边那座带有特殊符号的建筑方向看看"。这种探索任务的设置方式要求游客运用地理学中的方位判断、空间感知以及文化学中的传说解读、符号分析等多方面的知识和技能,从而更加全面而深入地了解城市的地理环境和文化内涵。

游客参与AR导览应用中的任务或挑战是一个互动性的过程。在面对历史知识问答任务时,游客不仅仅是被动地接受问题并回答,而是积极主动地调动多种感官和知识储备进行解答。他们首先会利用AR应用提供的视觉辅助信息,仔细观察景点周围通过增强现实技术呈现的各种虚拟标识、注释和动画演示。例如,对于前面提到的宫殿建筑风格问题,游客会借助AR技术在建筑上呈现的不同颜色标记来区分不同朝代的建筑元素,通过虚拟动画演示来理解这些元素在建筑结构中的组合方式。同时,游客还会运用自己的听觉感官,听取AR应用提供的语音讲解,这些讲解可能包含建筑历史专家对特定建筑元素的深入剖析,以及对相关历史背景的详细阐述。

在参与探索任务时,游客会根据AR应用提供的初始线索,在现实环境中进行实地考察。他们在城市的街巷中穿梭,寻找与线索相关的地理标志和建筑特征。例如,在寻找与城市传说相关的虚拟宝物时,游客需要准确判断自己的位置与三条古老街巷交汇处的相对关系,同时观察周围建筑的风格、雕刻图案等特征是否与线索相符。在这个过程中,游客可能会不断调整自己的行走路线和观察角度，以获取更多的线索信息。而且，游客还会与AR应用进行持续的交互，根据应用提供的动态提示及时调整自己的探索方向。这种参与方式不仅考验游客的体力和耐心，更要求他们具备地理学、文化学等多学科的知识素养以及敏锐的观察力和分析能力。

（三）提升城市形象

传统的游览方式往往遵循固定的路线，游客在参观景点时多处于一种相对被动的状态，只是机械地观看预先设定好的景点内容，而AR导览应用中的任务或挑战则极大地提升了游客的游览乐趣。当游客参与历史知识问答任务时，他们不再是简单地走马观花式地观看景点，而是带着问题去深入观察和思考。每一个历史知识问题都像是一个谜题，游客需要在景点的各个角落寻找答案。例如，在回答关于古老寺庙建筑风格演变的问题时，游客需要仔细研究寺庙的建筑结构、装饰细节以及周边的历史遗迹，这种探索过程就像是一场寻宝之旅，充满了未知和惊喜。当游客通过自己的努力找到答案时，会获得一种强烈的成就感。这种成就感不仅仅来自回答正确问题本身，更来自对自己知识储备和探索能力的肯定。这种积极的情感体验会进一步激发游客的好奇心和求知欲，促使他们更加主动地参与到下一个任务中去。探索任务则更加直接地为游客带来乐趣。在寻找虚拟宝物的过程中，游客仿佛成为城市中的探险家。他们需要根据AR应用提供的线索在城市的大街小巷中穿梭，每一个新的线索都是一次新的期待。例如，在寻找与城市古老传说相关的虚拟宝物时，游客可能会在狭窄的古巷中发现一些平时容易被忽视的传统建筑细节，或者听到一些当地居民讲述的与传说相关的趣闻轶事。这种意外的发现和收获使游览过程充满了乐趣和惊喜。而且，当游客最终找到虚拟宝物时，那种成功的喜悦感会达到顶峰，这种强烈的情感体验会深深地印刻在游客的记忆中。

在城市形象塑造与传播方面，传统的宣传手段主要依赖于静态的图片、文字或者视频资料。这些宣传方式虽然能够传达城市的基本信息，但往往缺乏互动性，难以让受众真正感受到城市的活力与魅力。而 AR 导览应用中的互动式体验则为城市形象的传播带来了全新的视角和方式，使城市形象以一种更加生动的方式呈现在游客面前。从游客的体验角度来看，当他们参与 AR 导览应用中的任务或挑战时，他们不仅仅是在游览城市的景点，更是在与城市的文化、历史和地理环境进行深度互动。例如，在完成历史知识问答任务的过程中，游客深入了解了城市的历史发展脉络、文化传承体系以及建筑艺术特色，这种深入的体验使城市在游客心中不再是一个简单的地理概念或者旅游目的地，而是一个充满故事、富有内涵的生命体。同样，在探索任务中，游客通过寻找与城市传说相关的虚拟宝物，深入城市的大街小巷，感受到城市的独特地理风貌和民俗风情。这种互动式的体验使游客能够更加全面、立体地认识城市，从而在他们心中塑造出一个充满活力和魅力的城市形象。从城市品牌传播的角度来看，这种互动式导览体验能够达到良好的传播效果。游客在参与任务或挑战的过程中，会自然而然地成为城市形象的传播者。他们会将自己在 AR 导览应用中的独特体验分享给身边的朋友、家人或者在社交媒体上进行传播。例如，游客可能会在社交媒体上分享自己在寻找虚拟宝物过程中的有趣经历，包括在古老街巷中的发现、与当地居民的互动以及最终找到宝物时的喜悦心情。这种用户生成内容的传播方式具有很高的可信度和感染力，能够吸引更多的人关注这个城市，进而提升城市品牌的竞争力。

第三节　虚拟现实中的城市品牌体验案例

一、VR 技术为城市品牌带来的沉浸式体验

（一）VR 技术的沉浸感与城市品牌展示

虚拟现实（VR）技术之所以能够提供独特的沉浸式体验，是基于其多

方面的技术原理。首先，VR 头显设备通过高分辨率的显示屏为用户提供了一个几乎完全覆盖视野的视觉环境。这种全景式的视觉呈现能够极大地减少外界干扰，让用户的注意力完全集中在虚拟场景之中。例如，头显的显示屏分辨率越高，图像就越清晰，用户看到的虚拟城市景色就越逼真，仿佛真实置身其中。同时，VR 技术利用头部追踪技术实现了视角的实时变化。头显中的传感器能够精确地检测用户头部的运动方向和角度，然后相应地调整虚拟场景的视角。这使得用户在浏览虚拟城市时，可以像在现实中一样自由地转动头部来观察周围环境。例如，当用户想要查看城市中的一座古老钟楼时，只需将头部转向钟楼的方向，就能够看到完整的钟楼景象，这种交互方式极大地增强了沉浸感。此外，声音技术也是 VR 沉浸感的重要组成部分。VR 系统采用空间音频技术，根据用户在虚拟环境中的位置和方向，模拟出逼真的声音效果。例如，当用户在虚拟城市的街道上行走时，会听到来自不同方向的声音，如车辆行驶的声音从左边传来，街边商店的音乐从前面传来，这种声音效果与视觉效果相结合，进一步打造出逼真的城市环境。

  VR 技术为城市品牌的全方位展示提供了新的途径。城市作为一个复杂的综合实体，包含了众多元素，如标志性景点、文化传统、民俗风情等。通过 VR 技术创建的虚拟环境，可以将这些元素有机地整合在一起，向用户进行全面展示。在标志性景点展示方面，VR 技术能够以独特的视角呈现细节。例如，对于城市中的著名古建筑，VR 可以从内部到外部进行全方位展示。用户可以进入古建筑内部，观察建筑的结构、装饰细节，如天花板上的精美壁画、墙壁上的古老雕刻等，同时还可以从外部欣赏建筑的整体风貌和与周边环境的关系。这种展示方式比传统的图片或视频展示更加全面和深入。对于城市的文化传统和民俗风情，VR 技术也能够进行生动地呈现。以传统的手工艺为例，VR 可以创建一个虚拟的手工作坊场景，用户可以近距离观看手工艺人制作工艺品的全过程，听到手工艺人讲述工艺背后的文化故事，甚至可以在虚拟环境中尝试自己动手制作，这种体验方式能够让用户更加深入地了解城市的文化内涵。

（二）VR 技术中的互动体验与城市文化传播

互动体验是提升用户参与度和城市文化传播效果的关键因素。VR 互动体验中一种常见的形式是基于对象的交互。用户可以通过手柄或手势识别技术与虚拟环境中的各种对象进行交互。例如，在虚拟的城市博物馆场景中，用户可以使用手柄拿起展品，旋转、放大查看展品的细节，同时还会弹出关于展品的详细介绍，包括它的历史年代、制作工艺、文化意义等信息。这种交互方式让用户能够主动探索展品的奥秘，而不是被动地接受信息。另一种形式是场景交互。用户可以通过自己的行为改变虚拟场景中的某些元素或触发特定的事件。例如，在一个虚拟的城市公园场景中，用户如果走到特定的区域，可能会触发一场虚拟的音乐会，音乐响起，周围的虚拟人群开始跳舞，用户也可以加入其中，这种场景交互能够让用户更加深入地体验城市的文化氛围。

VR 技术中的互动体验对城市文化传播有着显著的提升效果。传统的城市文化传播方式，如宣传册、电视广告等，往往是单向的信息传递，用户处于被动接受的地位。而 VR 技术通过互动体验，让用户主动参与到城市文化的探索中。以城市的传统节庆文化传播为例，通过 VR 互动体验，用户可以在虚拟的节庆场景中参与各种城市特色传统活动。这种体验会让用户更加深刻地记住城市的节庆文化特色，并且更有可能将这种文化体验分享给他人。此外，VR 互动体验还能够根据用户的不同行为生成不同的结果，这种个性化的体验能够满足不同用户的需求，进一步提高城市文化传播的效果。

二、案例分析：VR 在城市品牌推广中的应用

（一）某知名城市虚拟旅游项目的体验内容

全面的城市导览体验以某知名城市的虚拟旅游项目为例，该项目在提供全面的城市导览服务方面做得非常出色。用户戴上 VR 头显后，仿佛开启了

一场全方位的城市之旅。在历史遗迹导览方面，项目精心打造了多个著名历史遗迹的虚拟场景。例如，对于城市中的古老城堡，用户可以从城堡的大门开始游览，沿着古老的城墙漫步，进入城堡内部的大厅、卧室、地牢等各个区域。在每个区域，用户都能看到逼真的建筑结构和装饰，同时通过交互功能，了解到城堡在不同历史时期的用途、发生过的重大事件以及与之相关的历史人物等信息。现代建筑的导览也独具特色。项目展示了城市中的标志性现代建筑，如高楼大厦、现代化的桥梁等。用户可以从不同的角度欣赏这些建筑的外观，还可以进入建筑内部，体验现代化的办公环境、商业设施等。例如，在虚拟的摩天大楼中，用户可以乘坐电梯到达不同的楼层，欣赏城市的不同景色，感受现代建筑与城市景观的融合之美。自然风光的导览同样令人印象深刻。项目呈现了城市周边的自然美景，如山脉、河流、森林等。用户可以在虚拟环境中沿着山间小道徒步旅行，欣赏沿途的花草树木，聆听鸟儿的歌声，还可以在河边观看虚拟的渔夫捕鱼，这种对自然风光的全方位展示让用户感受到城市与自然的和谐共生。

  高质量的视听与互动体验过程中，该项目为用户提供了高质量的视听效果和丰富的互动体验。从视听效果来看，项目采用了高分辨率的图像和逼真的声音技术。虚拟场景中的建筑、自然景观等图像细节清晰，色彩鲜艳，无论是古老建筑上的砖石纹理，还是阳光照射效果，都表现得非常逼真。声音方面，配合不同的场景，如历史遗迹中的风声、鸟鸣声，现代建筑中的机器运转声，自然风光中的流水声等，都营造出了非常真实的氛围。在互动体验方面，用户可以通过手柄与虚拟环境中的元素进行多种交互。除了前面提到的查看建筑历史背景等交互方式外，用户还可以在虚拟的旅游场景中与虚拟人物交互。例如，在虚拟的古老集市场景中，用户可以与虚拟的商贩讨价还价，购买虚拟的特色商品，这种互动体验让用户更加深入地融入虚拟旅游的情境中。

（二）项目成功的因素分析

基于市场调研的设计思路该项目的成功首先得益于其基于市场调研的设计思路。在项目启动初期，城市品牌推广团队进行了深入的市场调研。他们通过问卷调查、用户访谈、焦点小组等多种方式，收集了目标受众对城市旅游的需求和偏好信息。例如，调研发现，大部分目标受众对城市的历史文化和独特的自然景观更感兴趣，但同时也希望在旅游中能够有更多的互动和个性化元素。基于这些调研结果，项目团队精心设计了虚拟旅游线路。他们将历史遗迹、自然景观等元素进行有机整合，并且在各个景点设置了丰富的互动环节，以满足用户的需求。

先进技术的应用项目组引入了先进的 VR 技术，这是项目成功的另一个关键因素。在图像渲染方面，他们采用了先进的图形处理算法，能够快速、高效地渲染出高质量的虚拟场景。这种算法不仅保证了图像的清晰度和真实度，还能够在不同性能的 VR 设备上实现流畅地运行。在互动技术方面，项目结合了手柄操作和手势识别技术。手柄操作提供了精确的交互控制，用户可以方便地进行点击、抓取等操作；手势识别技术则增加了交互的自然性，用户可以通过简单的手势动作与虚拟环境交互，如挥手打开虚拟的门等。此外，项目还采用了先进的网络技术，确保在多人同时参与虚拟旅游时，数据传输稳定，互动体验不受影响。

有效的宣传推广。项目还通过有效的宣传推广手段吸引大量用户参与。在宣传渠道方面，项目充分利用社交媒体平台的优势。他们在社交媒体上发布了精美的虚拟旅游宣传视频和图片，吸引用户关注。同时，通过社交媒体的互动功能，如举办虚拟旅游体验分享活动、抽奖活动等，增加了用户的参与度和活动的话题性。此外，项目还与旅游相关的网站、论坛等合作，发布项目介绍和用户评价等信息，进一步扩大了项目的知名度。通过这些宣传推广手段，项目吸引了来自不同地区、不同年龄段的用户参与，有效地提升了城市品牌的知名度和影响力。

第七章
数字安全与城市品牌的社会责任

第一节　数字时代的品牌伦理问题

一、数字安全

品牌在利用大数据进行精准营销时，数据采集环节涉及对消费者多维度信息的收集。除了常见的个人身份信息（如姓名、年龄、性别、联系方式等）、消费记录（包括购买的商品或服务种类、金额、时间、地点等）和浏览历史（在网站、APP等平台上浏览的页面内容、停留时间等）之外，还可能涉及更为复杂和深层次的信息。例如，通过移动设备的定位数据，品牌可以追踪消费者的活动轨迹，了解他们经常出没的场所，如购物中心、健身房、餐厅等。这对于城市商业品牌来说，可以分析出不同区域的消费者行为模式，以便在合适的地点开设门店或开展促销活动。另外，随着物联网技术的发展，一些智能设备（如智能家居设备、可穿戴设备等）也成了数据采集的来源。例如，智能手环可以收集消费者的运动数据（步数、运动强度、睡眠质量等），这些数据对于健康管理品牌或运动装备品牌来说具有很高的价值。他们可以根据这些数据为消费者提供个性化的健康建议或推荐适合的产品。

尽管数据采集能够为品牌带来诸多潜在价值，但其中潜藏的伦理风险不容小觑。在缺乏严格监管的市场环境下，消费者的个人信息很容易被滥用。

在城市品牌建设过程中，如何在利用数据提升品牌竞争力的同时确保消费者的隐私权不受侵犯，成了一个亟待解决的重要问题。品牌竞争力的提升在很大程度上依赖于对消费者数据的有效分析和利用。通过深入了解消费者的需求、偏好和行为模式，品牌能够制定更加精准的营销策略，提高产品和服务的质量，增强消费者的满意度和忠诚度。例如，一家城市的本地生活服务品牌，通过分析消费者的消费记录和评价数据，发现消费者对于本地特色

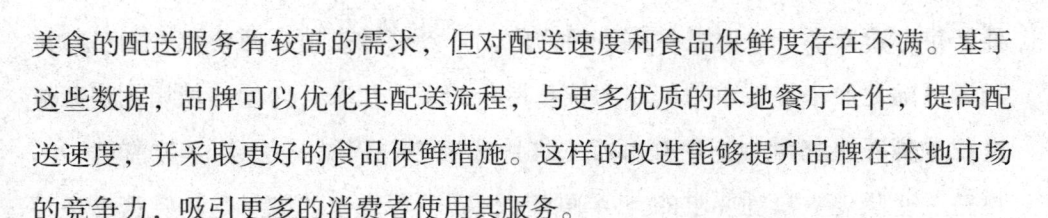

美食的配送服务有较高的需求，但对配送速度和食品保鲜度存在不满。基于这些数据，品牌可以优化其配送流程，与更多优质的本地餐厅合作，提高配送速度，并采取更好的食品保鲜措施。这样的改进能够提升品牌在本地市场的竞争力，吸引更多的消费者使用其服务。

然而，这种对数据的利用必须建立在尊重消费者隐私权的基础之上。如果品牌因为数据滥用而失去了消费者的信任，那么即使在短期内可能获得一些利益，但从长远来看，将会对品牌形象造成严重损害，进而影响品牌的竞争力。例如，曾经有一些知名品牌因为数据泄露事件而遭受重创，消费者对这些品牌的信任度大幅下降，导致其市场份额萎缩，品牌价值受损。因此，城市品牌建设者需要在使用大数据和保护隐私之间找到一个平衡点。这需要建立健全的数据管理制度，包括数据采集的合法性审查、数据使用的授权机制、数据存储的安全保障以及数据共享的规范流程等。同时，还需要加强行业自律，通过制定行业标准和道德规范，引导品牌在数据处理过程中遵循伦理原则。

在城市品牌建设中，如果品牌依赖存在偏见的算法进行决策，也会对某些群体造成不公正对待。例如，在城市的公共服务分配方面，如果算法在资源分配决策过程中存在偏见，可能会导致某些社区或群体（如低收入社区或弱势群体）无法获得公平的公共服务资源，如医疗、教育、基础设施建设等。这不仅会损害这部分人群的利益，还会影响城市品牌的整体形象，引发社会争议。城市品牌的形象是建立在公平、包容、和谐的基础之上的，如果因为算法偏见而导致社会不平等现象加剧，那么城市品牌在公众心目中的形象将会大打折扣。

二、隐私保护与数据伦理

（一）遵循数据伦理标准与法律法规

1. 数据伦理标准与城市品牌建设的关联

数字化时代，数字技术和社交媒体的广泛应用使得城市品牌的塑造、传播和推广都离不开大量的数据支持。然而，随着数据的广泛使用，隐私保护问题也随之而来。城市品牌作为城市形象的重要代表，必须在使用用户数据过程中遵循严格的数据伦理标准。这一标准不仅仅是基于道德层面的考量，更是法律法规中明确要求的。从道德层面看，尊重个体隐私是社会公序良俗的一部分，城市品牌作为城市文化和价值观的体现者，有责任维护公众的隐私权益。从法律角度而言，不同国和地区都出台了一系列法律法规来规范数据的使用，城市品牌若违反这些规定，将面临严重的法律后果。

2. 数据生命周期各阶段的伦理规范

（1）数据收集阶段

在数据收集过程中，城市品牌必须确保其行为的合法性。这意味着品牌不能在未经授权的情况下收集数据。例如，在收集市民的个人信息（如姓名、身份证号、联系方式等）用于城市旅游推广时，必须依据相关法律法规，获取市民在注册旅游服务平台时的明确授权。不能通过非法手段，如黑客攻击、窃取其他机构的数据等方式获取数据。同时，合法性还体现在遵守特定行业的规范，例如医疗健康数据的收集需要遵循严格的医疗隐私法规。除了合法，收集数据还应遵循必要性原则。城市不应过度收集与品牌建设无关的数据。以城市交通建设为例，如果目的是优化公共交通服务，那么收集市民的日常出行路线、出行时间等数据是有必要的，但收集市民的购物偏好等无关数据则不符合必要性原则。过度收集数据不仅增加了数据管理的成本和风险，也侵犯了市民的隐私。

（2）数据存储阶段

数据存储环节的安全性至关重要。城市品牌在存储大量的市民数据和城市相关数据时，必须采取有效的安全措施防止数据泄露。例如，采用加密存储技术，将数据转化为密文形式存储，即使数据被窃取，窃取者也难以解读数据内容。同时，实施访问控制策略，只有经过授权的人员才能访问特定的数据。例如，在城市政务数据存储中，不同级别的工作人员根据其职责范围被授予不同的数据访问权限，以确保数据的安全性。为应对可能出现的自然灾害、系统故障等意外情况，数据备份与恢复机制也是数据存储阶段需要考虑的重要方面。合理的备份策略能够保证数据的完整性和可用性。例如，采用异地多备份的方式，将数据分别存储在不同地理位置的服务器上，当一台服务器遭受破坏时，可以从其他备份服务器中恢复数据。

（3）数据处理阶段

在数据处理过程中，为保护用户隐私，数据匿名化处理是一种常用的手段。通过去除或替换数据中的可识别个人身份的信息，使数据在保持一定可用性的同时，无法直接关联到具体的个人。例如，在城市人口统计数据处理中，将姓名、身份证号等直接识别信息进行匿名化处理后再进行数据分析，以获取城市人口结构、分布等宏观信息，既满足了数据处理的需求，又保护了个人隐私。

（4）数据共享阶段

共享数据时，城市品牌必须获得用户的明确同意。这一同意应该是基于用户对数据共享的充分理解之上的。例如，当城市品牌要将市民的旅游消费数据共享给旅游相关企业以优化旅游产品和服务时，必须以清晰、明确的方式告知市民共享的目的、共享的对象（哪些企业）以及可能带来的影响，并获得市民的同意。不能在用户不知情的情况下将数据共享给第三方。而且，数据只能与合法的第三方共享。合法的第三方应具备相应的数据保护能力和合规性。例如，在城市智能交通系统建设中，若要将交通流量数据共享给第三方科技企业用于交通优化算法研究，该企业应具备完善的数据安全管理体系，遵守相关的数据保护法规，并且其数据使用目的应符合城市品牌建设和公众利益的要求。

3.遵守数据伦理标准对城市品牌建设的意义

城市品牌只有严格遵守这些要求，才能在法律框架内顺利进行品牌建设。首先，保护用户的数据安全有助于避免法律风险。一旦违反数据相关法律法规,城市品牌可能面临声誉受损等严重后果。例如,若城市品牌在未经用户同意的情况下将用户数据出售给广告商,可能会被用户起诉,遭受法律制裁并失去公众信任。其次,遵循数据伦理标准有利于提升城市品牌的美誉度。在公众日益关注隐私保护的今天,一个尊重用户隐私、遵循数据伦理的城市品牌更容易获得公众的认可和好评。例如,一个城市在打造智慧旅游品牌时,严格保护游客的个人信息,游客在体验良好的旅游服务的同时感受到隐私被尊重,会对该城市品牌留下积极的印象,进而通过口碑传播提升城市品牌的知名度和美誉度。

(二)透明的数据管理政策与用户同意机制

1. 透明的数据管理政策对用户信任的影响

在当今信息高度发达的社会,用户对于自己的数据如何被管理和使用越来越关注。城市品牌如果缺乏透明的数据管理政策,用户可能会对品牌产生不信任感,进而影响品牌的发展。例如,当用户发现自己的数据被城市品牌收集后,却不知道这些数据将被用于何种目的、存储在何处以及如何被保护时,他们会担心自己的隐私被侵犯,从而对品牌产生抵触情绪。相反,一个具有透明的数据管理政策的城市品牌能够让用户清楚地了解城市数据的管理流程,使用户感受到自己的权益得到了尊重,从而增强对该城市品牌的信任。

2. 数据管理政策的内容与呈现方式

城市品牌应该向用户清晰地说明数据收集的目的。这一目的应该是具体、明确且与城市品牌建设相关的。例如,在城市公共服务品牌建设中,如果要收集市民的健康数据,目的可能是优化社区医疗服务资源配置,提高市民的健康水平。这种明确的目的说明能够让用户理解为什么品牌需要收集他们的数据。除了目的,数据收集的范围也需要明确界定。品牌不能无限制地扩大数据收集范围。例如,在城市文化活动品牌建设中,如果要收集参与者的信息,应该明确说明是收集姓名、联系方式等基本信息,还是包括文化偏好、消费习惯等其他信息,并且要解释收集这些信息的必要性。数据收集方式同样需要向用户公开。这包括是通过线上平台（如网站、手机应用程序）收集，还是线下活动（如问卷调查、现场登记）收集。例如，在城市商业品牌推广活动中，如果通过手机应用程序收集用户的购物偏好数据，应该向用户说明应用程序如何获取这些数据，是否会获取用户的位置信息等其他相关数据。

城市品牌还需要向用户解释数据的使用和共享规则。例如，在城市环保品牌建设中，如果要使用市民的环境行为数据（如垃圾分类数据）进行城市环境改善策略的研究，并可能将部分数据共享给相关的环保科研机构，就应该向市民说明数据将如何被使用，共享给哪些机构，这些机构将如何保护数据等。这些数据管理政策的内容应该以一种通俗易懂的方式呈现给用户。例如，可以在其官方网站上发布详细的数据政策声明，采用图文并茂的方式，用简洁明了的语言向用户解释数据相关问题。也可以在手机应用程序中设置专门的"数据政策"板块，方便用户随时查看。

3.用户同意机制的构建与重要性

建立有效的用户同意机制对于城市品牌保护用户隐私至关重要。这一机制应该是明确、自愿且可撤销的。明确性意味着用户能够清楚地知道自己授权的范围。例如，当用户在注册城市旅游服务平台时，平台应该以明确的文字告知用户，同意将意味着允许平台收集其旅游相关的数据，如旅游目的地偏好、旅游消费预算等。自愿性要求品牌不能通过强迫或诱导的方式获取用户的同意。例如，不能将用户同意数据收集作为使用城市公共服务的唯一条件。可撤销性则保证了用户在任何时候都有权改变自己的决定。例如，用户在发现自己的数据被不当使用后，可以随时撤销其同意，品牌必须尊重用户的这一权利，并及时停止对用户数据的收集和使用。

在获取用户同意时，城市品牌可以采用多种方式。例如，通过弹出窗口的形式，在用户首次访问城市品牌相关的网站或应用程序时，弹出数据收集同意窗口，向用户详细说明数据收集的情况并请求同意。也可以采用勾选框的形式，在用户注册或参与城市品牌活动时，提供明确的勾选选项，让用户自主选择是否同意数据收集。这些方式都应该以一种直观的方式呈现给用户，确保用户能够轻松地做出决定。

（三）公众数据隐私意识教育与宣传

1. 城市品牌在公众数据隐私意识教育中的角色

城市品牌在隐私保护方面不仅要自身做好数据管理，还应承担起教育和宣传保护公众数据安全的责任。城市品牌作为城市形象的代表，具有广泛的社会影响力。它可以利用自身的资源和平台优势，向公众普及数据隐私的重要性以及如何保护自己的隐私。例如，城市品牌可以与当地的学校、社区合作，开展数据隐私教育活动，将数据隐私知识纳入学校的课程体系或者社区的文化活动中。这不仅有助于增强公众的隐私意识，也能够提升城市品牌的社会责任感形象。

2. 举办讲座、研讨会等活动

通过举办相关讲座、研讨会等活动，可以向公众普及数据隐私的重要性以及如何保护自己的数据。这些活动能够提供一个面对面交流的平台，让公众更加深入地了解数据隐私问题。例如，在讲座中，数据安全专家可以通过实际案例分析，向公众展示数据泄露可能带来的严重后果，如个人财产损失、身份被盗用等。同时，专家还可以现场解答公众在数据隐私保护方面的疑问，提高公众的自我保护能力。在举办这些活动时，可以邀请不同领域的专家参与。例如，邀请网络安全专家讲解网络环境下的数据隐私保护，邀请法律专家解读数据隐私相关的法律法规，邀请信息技术专家介绍数据加密、匿名化等技术手段在隐私保护中的应用。可以在城市图书馆举办大型公开讲座，吸引广大市民参与；在高校或企业内部举办小型研讨会，针对特定群体（如大学生、企业员工）进行隐私保护专题知识交流。

3. 数据隐私保护指南的编制与宣传效果

发布数据隐私保护指南也是一种有效的宣传方式。这些指南可以以图文并茂的形式，向公众介绍常见的数据隐私风险以及应对措施。在内容上，指南可以首先介绍数据隐私的基本概念,让公众对数据隐私有初步了解。然后,详细列举常见的数据隐私风险,如钓鱼网站、恶意软件攻击等,并分析这些风险可能导致的后果。例如,钓鱼网站可能会导致用户的账号密码被盗取,恶意软件攻击可能会窃取用户设备上的个人信息等。最后,针对这些风险,指南应该给出具体的应对措施,如如何识别网络钓鱼邮件、如何安装和使用杀毒软件等。通过编制和发布这样的数据隐私保护指南,城市能够提高公众对数据隐私的重视程度,增强公众的自我保护能力。例如,当市民在日常生活中遇到疑似数据隐私风险时,能够参考指南中的内容进行判断和应对。这不仅有助于保护公众的个人利益,也有利于城市营造健康、和谐的品牌形象。在提升城市品牌形象方面,一个关心公众隐私保护的城市品牌会在公众心目中留下积极的印象,从而提升城市品牌的整体形象。

第二节　城市品牌与可持续发展

一、可持续发展理念在城市品牌中的体现

(一)可持续发展理念融入城市品牌战略规划的必要性

在全球化进程迅猛推进以及城市化加速发展的宏观时代背景下,可持续发展理念在城市品牌构建过程中的重要意义愈发显著。城市,作为人类活动高度集中的主要区域,其发展模式所产生的影响不仅仅局限于自身的繁荣与稳定。城市品牌是对城市综合竞争力的一种综合性、全面性的体现,它深入涵盖了城市在经济、文化、环境等诸多方面所具备的特质以及所呈现出的形象。将可持续发展理念有机融入城市品牌的战略规划之中,这是城市顺应时代发展潮流、达成长远发展目标的必然发展路径。

随着城市化进程的不断加快,城市面临着一系列严峻的环境挑战,诸如

资源短缺、环境污染以及生态破坏等问题日益凸显。城市品牌若未能将环境的可持续性纳入考量范畴，那么在未来激烈的城市竞争格局中将难以占据有利地位。例如，部分传统工业城市，由于长期过度依赖高污染、高能耗的产业模式，致使城市环境急剧恶化，城市形象遭受严重损害，进而对城市的整体发展产生了诸多负面影响。与之形成鲜明对比的是，像哥本哈根这样注重环境保护的城市，在城市品牌建设方面取得了显著成就。哥本哈根大力发展绿色交通，其自行车道网络广泛而密集地分布于城市各个角落，为居民提供了便捷、环保的出行方式；在建筑领域积极推广节能建筑，采用高效的隔热材料以及节能设备，有效降低了建筑能耗；并且积极开展可再生能源项目，大规模建设风力发电设施，充分利用当地的风能资源。

  一个秉持可持续发展理念的城市品牌，应当全力以赴为居民提供高品质的生活、公平公正的社会机会以及和谐融洽的社区环境。城市的发展不应仅仅聚焦于经济增长的数字表象，更要着眼于社会的均衡、协调发展。例如，在城市规划过程中，保障居民的住房权益是至关重要的一个环节。新加坡在这方面表现卓越，其推行的组屋制度有效地确保了居民的居住需求得到充分满足。同时，城市在教育和医疗领域的大力投资也是体现社会可持续性的关键方面。新加坡在城市品牌建设进程中，通过在教育和医疗领域的积极投入，显著提升了居民的生活质量，为居民创造了良好的生活条件。这些积极有效的举措为新加坡打造了一个积极正面、充满活力的城市品牌形象，极大地增强了居民对城市的归属感和自豪感，使得新加坡在全球城市竞争中脱颖而出，成为社会可持续发展与城市品牌建设有机结合的成功范例。

  从经济发展的角度深入探讨，可持续发展与城市品牌建设之间存在着千丝万缕的联系。传统的经济发展模式往往以牺牲环境和社会利益为沉重代价，这种短视的发展方式在长期发展进程中必然会遭遇诸多难以打破的瓶颈。然而，那些将可持续发展理念巧妙融入城市品牌战略规划的城市，则能够在新兴的绿色经济、循环经济等前沿领域抢占发展先机。例如，部分城市敏锐地捕捉到绿色发展的时代机遇，积极发展环保产业、大力推动绿色科技研发等新兴产业。这些城市通过发展环保产业，不仅有效地推动了自身经济的转型升级，而且为城市品牌注入了创新、可持续的元素。在吸引投资、人才等关键资源方面，这些城市展现出了巨大的优势。

（二）通过具体目标和指标衡量城市品牌在可持续发展方面的表现

1.明确目标和指标为城市品牌建设提供方向

在城市品牌建设的过程中，为了保证可持续发展理念得以有效施行，构建一套具体的可持续发展目标和指标体系是十分必要的，这一体系能够对城市在环境保护和社会责任履行方面的表现进行科学衡量。明确的目标和指标能够为城市品牌建设精准地提供清晰的发展方向。例如，设定减少碳排放的目标是众多城市在积极应对气候变化这一全球性挑战时的关键举措。具体而言，城市需要依据自身的规模大小、产业结构特征以及所处的发展阶段等多方面因素，制定与之相适应的碳减排目标。例如，某些大型城市可能会设定在未来十年内将碳排放量降低20%~30%这样较为明确的目标。这一目标的设定不仅有助于城市在全球应对气候变化的宏大背景下积极承担起应有的责任，更能使城市品牌与可持续发展这一时代主题紧密地联系在一起。为了达成这一碳减排目标，城市可能会采取一系列多元化、综合性的措施。例如，大力推广公共交通，通过增加公交线路、优化公交站点布局、提升公共交通服务质量等方式，鼓励居民减少私人汽车的使用，从而降低交通领域的碳排放；积极提高能源利用效率，在工业生产、建筑能耗等领域推广先进的节能技术和设备，实现能源的高效利用；同时，鼓励居民使用清洁能源，如推广太阳能热水器、鼓励居民安装分布式光伏发电设备等。

2.公开目标设定提升城市品牌公信力和美誉度

公开的目标设定对于提升城市品牌的公信力和美誉度具有不可忽视的重要作用。当城市公开其可持续发展目标和指标，并定期向公众报告进展情况时，能够有效地增强公众对城市的信任和认同感。例如，一些城市会精心发布年度可持续发展报告，这份报告详细阐述了城市在环境保护、社会公平、经济发展等多个方面的目标完成情况。在环境保护方面，会明确列出空气质量改善指标，如PM2.5年均浓度的降低幅度、空气质量优良天数的增加比例等；在社会公平方面，会公布失业率控制指标，包括失业率的实际数值以及与目标数值的对比情况，同时也会涉及社会福利保障覆盖范围的扩大情况等指标；在经济发展方面，则会详细说明可再生能源使用比例、新兴产业占GDP的比重等重要指标。这种做法能够让市民、投资者和游客更为全面、深入地了解城市的发展状况，从而对城市品牌产生积极正面的印象。同时，这一做法也有利于城市在国际舞台上树立良好的形象，吸引更多的国际合作机会和资源。例如，国际上一些注重可持续发展的企业在选择投资城市时，会优先考虑那些能够公开透明地展示其可持续发展成果的城市，因为这意味着城市具有良好的治理能力和发展潜力。

3. 目标和指标衡量促进城市内部管理和决策优化

在设定目标和指标的过程中，城市需要对各个部门、各个领域的工作进行全面、系统地梳理和深入评估，从而精准找出存在的问题和明确改进的方向。例如，在评估城市的水资源管理是否符合可持续发展目标时，可能会发现一系列问题，如污水处理设施不足，导致部分污水未经有效处理就直接排放，对城市水环境造成污染；水资源浪费现象严重，在居民生活用水、工业用水等方面存在着大量的不合理用水行为。针对这些问题，城市可以及时调整相关政策，加大对污水处理设施的投资力度，新建或扩建污水处理厂，提高污水处理能力；加强水资源保护的宣传教育，通过开展各种形式的宣传活动，如社区节水宣传、学校节水教育等，增强居民的节水意识，减少水资源的浪费。

二、绿色品牌与城市可持续发展的结合

（一）绿色品牌理念在城市品牌建设中的重要性

当前，全球环保意识呈现出不断高涨的态势。这种趋势的背后是人们对地球环境恶化状况的担忧，以及对可持续发展理念的广泛认同。在这样的大背景下，城市品牌建设不再仅仅局限于传统的经济、文化等方面的展示，而必须将绿色品牌理念纳入其中。城市品牌作为城市的一种综合标识，是城市在全球竞争格局中的独特身份象征。它包括了城市的形象、声誉、特色等多方面的内涵。随着消费者环保意识的增强，他们在选择城市进行居住、投资或旅游时，会将环境友好性和城市可持续发展作为重要的考量因素。这就使得绿色品牌理念在城市品牌建设中的重要性日益凸显。

1. 对居民的吸引力

居民对于居住环境的要求随着社会发展而不断提高。现代居民更加注重生活的品质，而环境因素在其中占据着关键地位。一个以绿色品牌为特色的城市，对居民有着诸多吸引力。从生态环境方面来看，更多的绿色空间意味着城市居民能够拥有更多亲近自然的机会。例如，大片的公园和绿地不仅为居民提供了休闲娱乐的场所，还在调节城市气候、净化空气等方面发挥着不可替代的作用。清新的空气和优质的水资源是居民健康生活的基本保障，也是绿色品牌城市的重要特征。丰富的公园和绿地构成了城市的绿色脉络，便捷的自行车道网络鼓励居民采用绿色出行方式，同时该市积极倡导可持续发展理念，这些因素共同吸引了大量注重生活品质和环境保护的居民前来定居。这些居民的流入为城市的发展注入了新的活力，他们在城市中形成了一种注重环保的生活方式文化，通过日常的消费行为，如优先选择绿色产品和服务，进一步传播和强化了城市的绿色品牌形象。

2. 对投资者的吸引力

在全球经济结构向绿色经济转型的过程中，拥有绿色品牌形象的城市在投资者眼中具有独特的魅力。绿色经济涵盖了环保、新能源、可持续发展等

众多具有广阔市场前景的产业领域。对于投资者而言，城市的绿色品牌形象往往代表着一种具有创新能力和可持续发展潜力的投资环境。城市若能在城市品牌建设中融入绿色品牌理念，就如同向投资者发出了一个积极的信号。例如，一些城市通过打造绿色科技园区，为绿色产业的发展提供了专门的空间载体。在这个园区内，城市提供优惠的政策，如税收减免、土地使用优惠等，同时完善基础设施建设，包括高速网络、便捷的交通等。这些措施吸引了众多绿色科技企业入驻。这些企业在城市中发展壮大不仅为城市带来了直接的经济增长，创造了大量的就业机会，而且提升了城市在绿色产业领域的知名度和影响力。城市在绿色产业领域的声誉逐渐建立起来，进一步巩固了城市的绿色品牌形象，形成了一个良性的循环，吸引更多的投资者关注和投入。

3. 对游客的吸引力

旅游业在现代社会经济中占据着重要的地位，游客的需求也在不断发生变化。如今，游客们越来越渴望在旅游过程中实现亲近自然、体验环保生活方式的愿望。拥有绿色品牌形象的城市能够满足游客的这种需求，从而提供独特的旅游体验。以哥斯达黎加为例，该国拥有丰富的生物多样性，这是其天然的旅游资源优势。然而，该国不仅仅满足于依靠自然资源吸引游客，而是大力推广生态旅游，将环境保护理念贯穿于旅游的各个环节。在旅游宣传中，强调对自然环境的保护措施，如限制游客数量以减少对生态环境的破坏等。游客在哥斯达黎加旅游时，可以体验到当地对环境保护的高度重视，例如在旅游景区内，严格的垃圾分类和处理措施，以及对本地动植物的保护措施等。游客在享受哥斯达黎加美丽自然风光的同时，也对该国的绿色品牌形象留下了深刻的印象。这种良好的旅游体验通过游客的口碑传播，吸引了更多游客前来，进而促进了当地旅游业的可持续发展，同时也宣传了哥斯达黎加在国际旅游市场上的绿色品牌形象。

（二）绿色品牌在城市品牌建设中的构建要素

1. 产品

绿色产品的范畴广泛，包括环保建材、有机食品等。以绿色建筑为例，这是城市在产品方面构建绿色品牌的一个重要体现。城市可以通过制定严格的建筑节能标准来规范建筑行业的发展。这些标准涵盖了建筑的各个环节，从建筑设计阶段的采光、通风设计到建筑材料的选择，再到建筑施工过程中的能源利用效率等方面。例如，在建筑材料的选择上，推广绿色建筑材料的使用，如新型的保温隔热材料、可回收利用的建筑材料等。鼓励建筑企业采用节能设计和技术，如太阳能光伏系统在建筑中的应用，雨水收集系统用于建筑内部的水资源循环利用等。通过这些措施打造出的绿色建筑产品，不仅能够显著降低能源消耗，减少对环境的影响，如减少温室气体排放等，还能为城市增添绿色景观。绿色建筑的外观设计可以与周边的自然环境相融合，成为城市中的绿色地标，提升城市的整体绿色形象。

除了推动绿色产品生产，城市还应注重引导居民消费绿色产品。这需要城市采取一系列的措施来提高居民对绿色产品的认知度和接受度。开展绿色消费宣传活动是一种有效的方式。例如，城市可以通过社区宣传、媒体宣传等多种渠道，向居民普及绿色产品的知识，包括绿色产品的定义、标准、优势等。同时，设立绿色产品认证标识也是一个重要手段。这种标识能够让居民在购买产品时快速识别绿色产品，增加对绿色产品的信任度。例如，在食品领域，有机食品认证标识可以让消费者清楚地知道该产品是按照有机农业标准生产的，不含有害化学物质。通过这些方式，引导居民在日常生活中优先选择绿色产品，形成绿色消费的习惯，从而推动城市绿色品牌在产品消费层面的促进作用。

2. 服务

随着城市人口的增长和汽车保有量的增加，交通拥堵和尾气排放成为城市面临的两大难题。发展高效、便捷、环保的公共交通是解决这些问题的有效途径，也是构建城市绿色品牌的重要举措。例如，地铁作为一种大运量的公共交通方式，具有速度快、运量大、污染小等优点。城市在地铁建设过程中，可以采用先进的节能技术，如再生制动技术，将列车制动过程中的能量回收再利用。轻轨具有灵活性强、适应性好的特点，适合在城市的不同区域布局。电动公交车的推广使用能够有效减少尾气排放，改善城市空气质量。通过优化公共交通网络，提高公共交通的服务质量，如增加公交线路、缩短发车间隔等，可以吸引更多居民选择公共交通出行，减少私人汽车的使用，从而降低交通拥堵和尾气排放，体现城市的绿色服务理念，提升城市的绿色品牌形象。

旅游服务也是城市在服务领域构建绿色品牌的重要方面。在旅游景区，采用环保型交通工具是体现绿色理念的重要方式。例如，电瓶车作为一种零排放的交通工具，在景区内的使用既方便游客游览，又可以有效降低景区环境破坏。推广生态旅游线路也是一个重要举措。这些线路的设计通常会避开生态脆弱区域，引导游客深入体验当地的自然生态和文化特色。例如，在一些山区旅游景区，生态旅游线路会带领游客穿越原始森林，同时安排专业的导游向游客讲解森林生态系统的知识，让游客在欣赏自然美景的同时，增强环保意识。提供环保型住宿，如生态小屋，是旅游服务绿色化的又一体现。生态小屋的建设采用环保材料，遵循生态设计原则，例如利用太阳能提供热水和部分电力，采用自然通风和采光设计等。这些绿色旅游服务措施能够为游客提供独特的绿色旅游体验，提升城市在旅游领域的绿色品牌形象。

3. 管理

城市政府应制定和实施有利于绿色品牌建设的政策法规。在对绿色产业的扶持政策方面，政府可以通过财政补贴、税收优惠等方式，鼓励企业投资绿色产业。例如，对新能源汽车生产企业给予补贴，降低其生产成本，提高其市场竞争力；对从事环保技术研发的企业给予税收减免，激励企业加大研发投入。同时，对环境污染的惩罚措施也是必不可少的。

城市的规划和建设应遵循绿色原则。在城市土地利用规划中，优先保障绿地、公园等生态空间的建设是十分重要的。这意味着在城市土地资源分配过程中，要为自然生态留出足够的空间。例如，在城市新区建设中，规定一定比例的土地必须用于建设公园或绿地，形成城市的绿色肺叶。在城市基础设施建设中，注重采用环保材料和节能技术。例如，在城市道路建设中，采用透水性好的路面材料，既能减少雨水径流，又能补充地下水资源；在城市建筑的外立面装修中，采用保温隔热性能好的材料，降低建筑能耗。此外，城市还应加强对环境的监测和管理，确保城市的环境质量符合绿色品牌的要求。

（三）推动绿色经济发展的方式

城市品牌与地方企业的合作对于推动企业朝着绿色发展方向转型具有重要意义。在全球绿色经济发展的浪潮下，传统企业面临着巨大的环境压力和市场竞争压力。通过与城市品牌合作，企业能够获得更多的资源和支持，实现绿色转型。例如，在制造业领域，传统的生产方式往往伴随着大量的污染排放，对环境造成严重影响。城市品牌与地方制造业企业合作，可以引导企业采用清洁生产技术，从源头上减少污染排放。

城市可以为企业提供绿色技术研发的支持，这是一种常见且有效的合作模式。例如，设立绿色产业基金，为企业的绿色技术研发项目提供资金支持。企业可以利用这些资金开展与绿色技术相关的研究，如开发新的环保型生产工艺、研制更高效的节能减排设备等。同时，城市还可以提供研发场地，为企业创造良好的研发环境。企业在实现绿色转型的过程中，不仅自身的竞争力得到提升，还能为城市品牌注入绿色元素。例如，某城市的传统纺织企业在与城市品牌合作后，引入了环保型染料和节水型生产工艺。环保型染料的使用减少了对水体的污染，节水型生产工艺提高了水资源的利用效率，生产出的绿色纺织品在市场上受到消费者的欢迎。这不仅提升了企业的经济效益，还提升了城市的绿色品牌形象，使城市与绿色、环保等概念紧密相连。

通过城市品牌的宣传推广，结合地方企业提供的绿色产品和服务，以及社区居民的积极参与，可以提高公众对绿色经济的认知度和接受度。例如，城市可以举办绿色消费节这样的大型活动。在绿色消费节期间，展示地方企业的绿色产品，如绿色家电、绿色建材、绿色食品等，让消费者有机会近距离了解绿色产品的特点和优势。同时，组织社区居民开展绿色消费体验活动，如绿色食品品尝、绿色家电试用等。这种活动能够吸引更多的消费者参与绿色消费，从而推动绿色经济的发展。在这个过程中，城市品牌、地方企业和消费者之间形成了一种良性的发展格局。城市品牌的宣传推广为绿色产品和服务提供了展示平台，地方企业提供了绿色产品和服务的供给，消费者的参与则推动了绿色消费市场的发展，进一步巩固了城市的绿色品牌形象。

三、城市品牌战略发展方向

（一）可持续发展

在可持续发展理念的框架下，环境保护是城市品牌战略的重要组成部分。城市品牌可以通过多种举措打造绿色环保的城市形象。

推广绿色出行是城市环境保护的关键环节。城市可以建设完善的公共自行车系统，设置更多的自行车专用道，鼓励居民和游客选择自行车作为短途出行的交通工具。例如，荷兰的阿姆斯特丹以其发达的自行车交通网络而闻名于世，城市中到处都有便捷的自行车租赁点，自行车道贯穿城市的各个角落，这不仅减少了汽车尾气的排放，还为城市增添了一道独特的风景线。

加强城市绿化建设也是提升城市环境品质的重要手段。城市可以规划建设更多的城市公园、绿地广场和街头花园等。这些绿色空间不仅能够吸收空气中的污染物、调节城市气候，还为居民和游客提供了休闲娱乐的好去处。

倡导节能减排同样是城市品牌建设中的重要任务。城市可以通过政策引导和技术支持，鼓励企业和居民使用太阳能、风能等清洁能源。例如，德国的一些城市在建筑设计中广泛采用太阳能光伏板，实现建筑的自给自足供电，减少对传统能源的依赖,这一举措不仅有助于城市的节能减排,还展示了城市在可持续发展方面的积极态度。

从经济发展的角度来看,可持续发展理念要求城市品牌战略注重经济发展的质量和长远性。

第一,扶持绿色产业是实现城市经济可持续增长的重要途径。城市可以通过政策扶持、资金投入等方式,鼓励发展生态农业、环保科技产业等绿色产业。例如,丹麦的哥本哈根在发展绿色产业方面取得了显著成就,城市大力扶持风能产业,如今哥本哈根已经成为全球风能产业的重要研发和生产基地,风能产业的发展不仅为城市带来了可观的经济效益,还符合可持续发展的理念。

第二,发展循环经济也是城市经济可持续发展的关键举措。城市可以建立完善的资源回收利用体系,鼓励企业采用循环经济的生产模式。例如,日本的一些城市在垃圾分类回收方面做得非常出色,通过对垃圾进行细致的分类回收,实现了资源的高效利用,减少了对自然资源的依赖,同时也降低了垃圾处理的成本,为城市经济的可持续发展做出了贡献。

第三,将可持续发展理念融入城市品牌战略中的经济发展策略,能够使城市在全球化竞争中形成独特的市场优势。这种独特的市场优势能够吸引更多的投资、人才和游客,推动城市的长期稳定发展。例如,中国的深圳通过积极发展高新技术产业、绿色产业等可持续发展的产业模式,从一个小渔村发展成为如今的国际化大都市,吸引了大量的国内外投资和高端人才,成为中国城市可持续发展的成功典范。

(二)城市品牌战略中的社会责任履行与社会形象提升

履行社会责任是城市品牌战略的核心要素之一。城市品牌应该积极关注城市居民的福祉,促进社会公平与和谐。

提供优质的教育、医疗和社会保障服务是城市履行社会责任的重要体现。在教育方面,城市可以加大对教育资源的投入,建设高质量的学校,吸引优秀的教育人才，为城市居民提供公平而优质的教育机会。例如，芬兰的赫尔辛基以其高质量的教育体系而受到全球赞誉，其教育理念强调平等、创新和个性化教育，为城市培养了大量的优秀人才。

在医疗方面，城市可以完善医疗设施建设，提高医疗服务水平，确保居民能够享受到及时、有效的医疗救治。例如，新加坡的医疗体系以其高效、优质和公平而闻名，城市内分布着众多现代化的医疗机构，为居民和游客提供全方位的医疗服务。

加强社区建设也是履行社会责任的重要方面。城市可以通过举办各种社区活动，促进居民之间的交流与互动，增强社区的凝聚力。例如，一些城市会定期举办社区音乐节、美食节等活动，这些活动不仅丰富了居民的业余生活，还促进了不同文化群体之间的融合。

城市通过积极履行社会责任，能够提升其在社会公众心目中的形象，使城市在全球范围内更具吸引力。一个充满人文关怀、社会和谐的城市，必然会吸引更多的人前来投资、居住和旅游。

第三节　履行社会责任的城市品牌策略

一、社会责任在城市品牌建设中的重要性

城市品牌的建设不仅是创造视觉或文化标识的过程，更涉及经济、环境和社会等方面的建设。在这个过程中，社会责任扮演着至关重要的角色，成为城市发展的核心动力之一。社会责任可以视为城市品牌的灵魂，贯穿于各个发展层面。

（一）环境保护

许多城市积极推广清洁能源的使用，尤其是太阳能和风能等可再生能源，

这不仅是应对气候变化的重要措施，也展示了城市在可持续发展方面的承诺。例如，某些城市通过政策引导和财政补贴，鼓励市民和企业投资绿色技术，进而减少碳足迹。城市还可以通过建设绿色公共空间，如城市公园和森林步道，改善生态环境，提高居民的生活质量。这种环保行动形成了城市品牌的鲜明特色。例如，哥本哈根因其"自行车城市"的形象而备受推崇，吸引了城市大量关注与投资。这种积极的环保形象不仅提升了城市在居民心中的认可度，还促进了城市经济发展和社会和谐。研究表明，公众对环保城市的认同感往往促使更多的游客和投资者选择这些城市作为他们的目的地。

投资教育项目也是城市履行社会责任的重要体现。城市可以通过建设优质学校、提供教育资源共享平台及设立教育奖学金等方式，为市民提供更好的教育机会，这不仅提升了城市的人口素质，也为城市的长期发展奠定了基础。城市还可以通过资助老旧社区的基础设施改造和扶持小微企业的发展，显著提升城市的综合竞争力。这些举措能够帮助社区焕发新的活力，促进社会的全面发展。例如，波士顿通过其社区投资计划，支持低收入社区的商业发展，并积极参与社会服务，提升了品牌形象，增加了市民的归属感。

（二）社会形象的积极塑造

城市品牌通过履行社会责任，尤其是参与社会公益活动，可以显著提升其社会形象。例如，当城市在国际人道主义救援中表现积极，向遭遇自然灾害的地区提供支持时，这种善举不仅提高了城市在国内外的声誉，还有利于品牌打造积极的全球形象。城市品牌通过积极参与解决社会问题，不仅传达了对社会的关怀，也使其在公众心中形成了一个富有责任感和温暖的形象。

当市民看到自己所在的城市积极致力于弱势群体的关怀和环境保护时，他们更容易产生信任感。这种信任不仅仅是对政府的信任，更是对城市整体发展方向的认同。例如，城市积极参与教育公平、环境保护等社会责任活动时，会在市民心中树立起一个"值得信赖"的形象。这种信任关系不仅影响市民对城市政府的信任程度，还影响他们对城市未来发展的期望。对于外部投资者来说，有社会责任感的城市往往被视为一个更加稳定、和谐的投资环境。因此，他们更愿意投入资源和资金，参与城市的建设与发展。这种现象不仅提升了城市的经济吸引力，也推动了城市品牌在市场中的竞争力。游客也更倾向于选择那些社会形象良好、充满人文关怀的城市进行旅游。在这样的城市，游客不仅能欣赏到美丽的风景，还能感受到城市的温暖与包容，极大地提升了他们的旅游体验。例如，瑞士的城市因其在环境保护、社会福利等方面的积极作为，吸引了大量国际游客，提升了旅游业的收入与城市品牌的全球知名度。

社会责任的履行还能够增强市民的归属感。市民为自己所在城市能够积极履行社会责任感而感到自豪，并积极参与城市的建设与发展。尤其在大型国际活动中，市民自发组织志愿者团队，为活动贡献力量，这种参与感是市民归属感增强的体现。例如，在巴塞罗那的国际文化节上，当地市民积极参与活动的组织与志愿服务，不仅展示了城市的文化魅力，也让市民在参与中感受到了归属感和自豪感。这种积极的参与行为表明，市民愿意为他们热爱的城市贡献力量，进而促进城市品牌的持续发展。此外，根据研究，具有强烈归属感的居民更可能参与社区活动，推动社会创新和发展。

二、社会责任驱动的城市品牌建设案例

案例：社区基金与绿色环保活动的成功实践

1.某城市的社会责任项目概述

（1）社区基金项目

以某城市为例。该城市敏锐地察觉到积极履行社会责任在构建富有吸引力的城市品牌过程中所起到的重要价值。基于这种认知，该城市积极开展了一系列项目，其中设立社区基金是一项极具代表性和影响力的重要举措。社区基金的设立有着明确而深远的目标，即着重对弱势群体的教育和健康项目进行资助。在教育资助方面，社区基金建立了一套全面而细致的资助体系。在许多情况下，贫困家庭面临着沉重的经济负担，孩子的教育费用成为家庭

难以承受之重，而社区基金提供的学费减免犹如及时雨，有效地减轻了家庭的经济压力，确保孩子不会因为经济原因而失去接受教育的机会。

学习用品资助也是社区基金教育资助的重要组成部分。从书包、文具到各类学习资料，社区基金的资助涵盖了多个方面，这不仅为家庭贫困的孩子们提供了物质上的支持，更在精神上给予了他们鼓励和希望，让他们能够与其他孩子一样有机会追求知识、追逐梦想。例如，在城市的某些偏远社区，存在着不少家庭经济困难的孩子。其中有部分孩子由于家庭突发变故，如家庭成员生病、失业等，导致家庭收入锐减，面临辍学的困境。在这个关键时刻，社区基金及时启动了援助机制，通过详细的家庭情况调查和评估，迅速为这些孩子提供了包括学费全免以及一学年所需学习用品的资助。

在健康项目方面，社区基金展现出了对社区内弱势群体全方位的关怀。针对社区内的老年人、残疾人和患有慢性疾病的居民，社区基金提供了免费的健康检查服务。随着年龄的增长，老年人的身体机能逐渐衰退，慢性疾病的发病率也随之上升；残疾人由于身体的特殊状况，往往需要更频繁的健康检查来监测身体状况；慢性疾病患者则需要定期检查来控制病情发展。社区积极与当地医疗机构建立了紧密的合作关系，定期组织专业的医疗团队深入社区，为这些居民提供全面的健康检查，包括常规身体检查、特定疾病筛查等项目。社区基金还为这些居民提供基本医疗服务补贴。在医疗费用日益高昂的今天，对于弱势群体来说，医疗费用是一个沉重的负担。社区基金的补贴能够减轻他们在就医过程中的经济压力，使他们能够及时获得必要的医疗服务。例如，一些患有糖尿病、高血压等慢性疾病的居民，需要长期服用药物来控制病情，但药品费用对于他们来说是一笔不小的开支。社区基金提供的医疗服务补贴，能够部分或全部覆盖他们的药品费用，确保他们能够按时服药，稳定病情。

（2）绿色环保活动

除了社区基金项目，该城市对环境保护也给予了高度的重视，并通过举办形式多样、内容丰富的绿色环保活动来提升公众的环保意识和参与感。"无车日"活动是该城市绿色环保活动中的一个亮点。在现代城市中，汽车的大量使用虽然带来了便捷，但也引发了一系列的环境和社会问题，如交通拥堵、空气污染等。该城市开展的"无车日"活动，旨在特定的日期鼓励市民改变出行方式，选择更加绿色、环保的交通方式，如步行、骑自行车或乘坐公共交通工具。

从环境角度来看，这一活动对改善城市空气质量起到了不可忽视的积极作用。汽车尾气中含有大量的有害物质，如一氧化碳、氮氧化物、颗粒物等，这些物质是导致空气污染的主要因素之一。在"无车日"当天，由于大量市民选择绿色出行，城市道路上的汽车数量大幅减少，汽车尾气排放量也随之显著降低。根据相关环境监测数据显示，在"无车日"期间，城市中心区域的空气质量指数（AQI）明显优于平日，空气中的污染物浓度大幅下降，这对于改善城市整体的空气质量具有重要意义。

从社会角度来看，"无车日"活动也减少了城市的交通拥堵状况。交通拥堵是现代城市面临的一个普遍问题，不仅浪费了市民的出行时间，还增加了能源消耗和交通事故的风险。在"无车日"当天，由于部分市民放弃了私家车出行，道路上的车流量得到了有效控制，交通拥堵状况得到了明显缓解。这不仅提高了城市交通的运行效率，也为市民创造了更加舒适、便捷的出行环境。

同时，市政府还积极组织市民参与植树造林活动。植树造林是改善环境、应对气候变化的一项重要举措。城市周边的荒山荒地往往是生态环境较为脆弱的区域，通过组织市民在这些区域种植树木，可以有效地增加城市的绿化面积。这些树木在成长过程中，会发挥多种生态功能。从美化环境的角度来看，树木的存在为城市增添了自然的美感。无论是郁郁葱葱的树林，还是街边整齐排列的行道树，都为城市带来了生机与活力，让城市不再是钢筋水泥的丛林，而是充满绿色生机的家园。从防风固沙的角度来看，树木的根系能

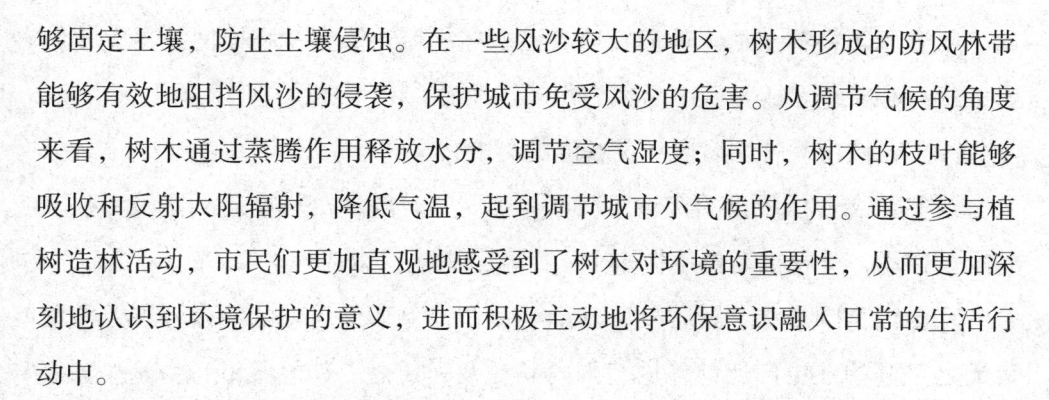

够固定土壤，防止土壤侵蚀。在一些风沙较大的地区，树木形成的防风林带能够有效地阻挡风沙的侵袭，保护城市免受风沙的危害。从调节气候的角度来看，树木通过蒸腾作用释放水分，调节空气湿度；同时，树木的枝叶能够吸收和反射太阳辐射，降低气温，起到调节城市小气候的作用。通过参与植树造林活动，市民们更加直观地感受到了树木对环境的重要性，从而更加深刻地认识到环境保护的意义，进而积极主动地将环保意识融入日常的生活行动中。

2.社会责任项目对城市品牌的影响

（1）对居民生活质量的影响

这些社会责任项目在改善当地居民生活质量方面取得了多维度、深层次的显著成效。

社区基金对弱势群体的资助在教育和健康两个关键领域产生了积极的影响。在教育方面，如前文所述，社区基金为贫困家庭的孩子提供了教育支持，这种支持不仅仅是物质上的援助，更是对孩子们未来发展的一种投资。通过接受教育，孩子们能够获取知识、技能和价值观，为他们未来进入社会、实现自我价值奠定了坚实的基础。一个接受良好教育的孩子，在未来更有可能获得稳定的职业、较高的收入，从而改变整个家庭的命运。这对于提升家庭的整体生活质量具有根本性的推动作用。在健康方面，社区基金为弱势群体提供的免费健康检查和基本医疗服务补贴，有效地保障了居民的健康状况。健康是人类幸福生活的基石，对于老年人、残疾人和慢性疾病患者来说，及时的健康检查和必要的医疗服务能够帮助他们早期发现疾病、及时治疗，提高生活质量。

这种对居民生活质量实实在在的提升，使得市民对城市品牌产生了更为深刻、真挚的认同感。城市不再仅仅是一个居住的地方，而是一个关心他们、支持他们、为他们的幸福生活努力的家园。市民们从内心深处感受到城市对他们的关爱，这种情感上的联系使得他们对城市品牌的认同感超越了物质层面，上升到了精神层面。他们会以自己所在的城市为荣，积极向外界宣传城市的优点和特色，成为城市品牌的积极传播者。

（2）对城市品牌知名度和美誉度的影响

这些社会责任项目的实施对城市品牌的知名度和美誉度起到了极为强大的推动作用，这种推动作用在多个层面和范围内得以体现。

从国内范围来看，随着社区基金项目和绿色环保活动的深入开展，该城市的名字开始在更广泛的地域范围内被提及和传播。其他城市开始关注到该城市在社会责任履行方面的成功经验，并将其视为可借鉴的榜样。这种关注和学习不仅仅是对该城市具体项目的认可，更是对城市整体发展理念和城市品牌形象的一种肯定。例如，在一些城市发展研讨会上，该城市的社区基金模式和绿色环保活动经验被作为典型案例进行分享和讨论。其他城市的政府官员、专家学者和社会各界人士纷纷前来考察学习，这使该城市知名度在国内得到了显著提升。

从国际层面来看，一些国际组织和媒体也对该城市的项目给予了高度的关注和积极报道。国际组织将该城市作为可持续发展的案例进行研究和推广，媒体则会通过各种渠道向全球受众传播该城市的故事。例如，一些国际知名媒体对该城市的"无车日"活动进行专题报道，介绍活动的组织形式、取得的环境和社会效果等。这种国际关注和报道使得该城市在国际舞台上的知名度不断攀升。

同时，由于这些项目都是以改善民生和保护环境这两个具有广泛社会价值的目标为出发点，因此得到了社会各界的广泛赞誉。无论是普通市民、社会组织，还是企业界和学术界，都对该城市的做法表示认可和赞赏。这种广泛的赞誉进一步提升了城市品牌的美誉度。城市品牌的美誉度是城市在公众心目中形象的重要组成部分，它反映了公众对城市的喜爱、信任和尊重程度。一个具有高美誉度的城市品牌在吸引人才、投资和旅游等方面具有更大的优势。

（3）对公众形象认可度及城市全方位发展的影响

研究表明，在城市品牌实施这些社会责任项目后，公众对其形象的认可度得到了显著提高，这种认可度的提升在经济和社会等多个方面产生了积极的连锁反应。

在经济方面，更多的企业愿意到该城市投资兴业。企业在选择投资地点时，除了考虑传统的经济因素，如市场规模、劳动力成本、基础设施等外，也越来越重视当地的社会环境和社会责任履行情况。一个具有良好社会环境的城市，往往意味着较低的社会风险、稳定的劳动力队伍和积极向上的社会氛围。该城市通过社会责任项目营造出了这样一个良好的社会环境，让企业看到了在这里投资的稳定性和发展潜力。例如，一些高新技术企业对投资环境有着更为严格和独特的要求，注重创新氛围、人才储备和社会的包容度等。该城市的社会责任项目所体现出的人文环境和社会责任意识正好符合这些高新技术企业的需求。当这些企业看到城市积极关心弱势群体、注重环境保护、市民具有较高的社会责任感时，他们会认为这个城市具有良好的创新土壤和人才吸引力。于是，纷纷在该城市设立研发中心和生产基地。这些高新技术企业的入驻，不仅带来了大量的资金、先进的技术和管理经验，还带动了城市的产业升级和经济发展。例如，可能会促使当地传统产业与高新技术产业进行融合，催生新的产业形态，创造更多的就业机会，提高城市的整体经济竞争力。

在社会方面，城市的社会凝聚力进一步增强，这是社会责任项目对城市社会结构产生的积极影响。当城市积极履行社会责任，市民们能够感受到城市的关怀和温暖，他们之间的关系也会变得更加和谐。例如，在社区基金项目的实施过程中，社区居民之间的互助氛围会更加浓厚。贫困家庭得到资助后，会对社区和城市充满感激之情，而其他居民也会因为城市的这种关爱行为而更加团结。这种和谐的社会关系有助于减少社会矛盾和冲突，维护社会秩序的稳定。

一个稳定、和谐的社会环境又进一步吸引了更多的人才流入。人才是城市发展的核心竞争力之一，他们被城市的积极形象、良好的社会氛围和发展机会所吸引。这些流入的人才为城市带来了丰富的知识、技能和创新思维，为城市的发展提供了源源不断的智力支持。例如，一些在环保领域具有专业知识和技能的人才，可能会因为城市积极开展绿色环保活动而被吸引过来，他们可以在城市的环保事业中发挥重要作用，推动城市的环保技术创新和环境管理水平提升。

　　这种由社会责任项目推动的公众形象认可度的提高最终形成了一个社会责任与城市品牌建设相互促进、良性循环的发展模式。城市通过履行社会责任提升了品牌形象，吸引了更多的资源（如投资、人才等），进而推动了城市的经济和社会全方位的发展；而城市的发展又为进一步履行社会责任提供了更坚实的物质基础和社会条件，使得城市能够开展更多、更广泛的社会责任项目，进一步提升城市品牌形象。如此循环往复，不断推动城市向着更加繁荣、和谐、可持续的方向发展。

第八章
研究结论与未来发展方向

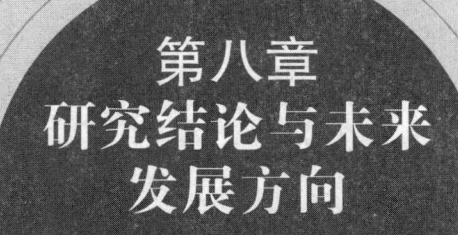

一、研究主要发现

通过对数智时代城市品牌的系统性研究，本书取得了一系列重要发现。

第一，数智技术的迅猛发展正在从根本上重塑城市品牌的构建和传播方式。数字媒体、社交网络、增强现实（AR）、虚拟现实（VR）以及人工智能（AI）等新兴技术不仅改变了城市品牌的传播渠道，还使城市与受众之间的互动更加深入。品牌不再是单向的信息传递，而是一种双向、多向甚至全方位的交互体验，这使得城市品牌的塑造变得更加灵活和动态。

第二，用户生成内容（UGC）在品牌塑造中的作用日益重要。UGC通过激发用户对城市的兴趣和创造力，使品牌叙事更加生动和个性化，有助于增强城市的吸引力与认同感。

第三，增强现实和虚拟现实等技术显著提升了城市品牌的体验性和沉浸感。这些技术通过打破时空的限制，让用户能够在数字环境中深度体验城市的文化与风貌，从而增强了品牌传播的效果。与此同时，人工智能和大数据的应用使城市品牌的定位更加精准，能够基于受众的个性化需求和行为数据进行定制化传播，这为城市在全球竞争中脱颖而出提供了强有力的支持。

第四，积极履行社会责任在城市品牌建设中的重要性日益凸显。数字技术的应用虽然带来了品牌传播的创新，但同时也引发了隐私保护、数据伦理等问题。本书通过对这些问题的深入探讨，强调了负责任的技术应用对城市品牌长期健康发展的重要性。

二、城市品牌未来发展的建议

基于研究的主要发现，本书为未来城市品牌的发展提出了一系列具体建议。

第一，城市品牌建设应充分利用数智技术，通过数字媒体、社交网络、增强现实和虚拟现实等工具，增强品牌与受众之间的互动，创造丰富的体验性内容。特别是社交网络的广泛应用，可以有效地刺激用户的参与，使城市品牌的塑造过程更具包容性和多样性。建议城市管理者在品牌建设中积极引入用户生成内容（UGC），通过鼓励市民和游客分享城市体验，形成良性的品牌共创机制，提升城市的文化认同与品牌黏性。

第二，城市品牌建设应重视数据的精准分析与应用。大数据和人工智能的发展使得品牌传播可以更加精确和高效，城市可以基于大数据的分析来制定品牌定位策略，针对不同受众群体进行定制化的品牌传播。建议城市品牌管理者在未来的品牌建设中，利用大数据技术深入了解目标受众的需求和行为，从而进行个性化、差异化的品牌推广，提升品牌的竞争力和吸引力。

第三，城市品牌的体验性是未来发展的重要方向。增强现实（AR）和虚拟现实（VR）等技术为城市品牌提供了新的体验方式，建议城市通过这些技术手段，为受众提供更加沉浸式的品牌体验。例如，可以在城市的旅游景点和历史文化区应用AR技术，为游客提供丰富的数字化信息，使他们能够更加深刻地了解城市的文化与历史。

第四，城市品牌建设必须注重伦理与社会责任。在数智时代，技术的广泛应用不可避免地带来了隐私和数据安全等伦理问题。城市管理者应在品牌建设过程中秉持负责任的态度，注重保护受众的个人隐私，确保数据的合规使用。同时，城市品牌建设应与可持续发展目标相结合，通过推广绿色环保、社会包容等理念，提升城市品牌的道德形象与社会认可度，从而实现品牌的可持续发展。

三、研究的局限与未来方向

尽管本书在数智时代城市品牌的构建与传播方面取得了一些有价值的研究成果，但研究仍然存在一些局限性。

第一，本书主要集中在对数智技术与城市品牌的互动关系上，对具体技术实现中的操作性细节和技术应用的深度挖掘则较少，未来研究可以进一步深入探讨如何在实践中高效地应用这些技术。特别是在AR、VR以及人工智能的具体应用场景中，如何实现技术的可行性与经济性之间的平衡，是未来需要深入研究的问题。

第二，研究的地域范围具有一定的局限性。本书的案例主要集中在一些具有全球影响力的大城市，如伦敦、纽约、东京等，而对于中小型城市，尤其是发展中国家的城市品牌建设，缺乏足够的研究与分析。这些城市在品牌建设中面临的挑战可能与大城市有所不同，因此，未来的研究应更多关注这些中小城市的品牌建设问题，探讨如何在资源有限的情况下利用数智技术实现品牌的提升。

第三，本书对城市品牌的研究更多地集中在技术层面，而对于文化因素、政治因素等对品牌建设的影响则探讨较少。城市品牌的塑造不仅仅是技术和传播的问题，还涉及深层次的文化认同、政策支持以及社会经济环境等多方面的因素。因此，未来的研究可以尝试将文化、政治等因素纳入城市品牌的建设框架中，以更加全面地理解城市品牌的塑造过程。

未来的研究方向还可以包括对城市品牌与可持续发展的进一步探讨。在全球气候变化和社会可持续发展的背景下，城市品牌如何通过绿色技术、环保理念以及社会包容性等措施来提升品牌价值，是一个值得深入研究的课题。此外，随着技术的不断进步，新的技术手段如物联网（IoT）、区块链等也将对城市品牌建设产生影响，未来的研究应关注这些新兴技术对品牌塑造的潜在作用与影响。

总之，尽管本书在数智时代城市品牌建设领域提出了一些新颖的观点和方法，但仍有许多尚待深入探讨的领域。希望本书能够为未来的学术探讨提供启发，并为城市品牌的实践者提供有益的参考，从而推动全球城市品牌建设迈向新的高度。

参考文献

[1] 田高洁.互动仪式链视角下的音乐短视频研究——以抖音 App 为例 [J].新媒体研究，2018（3）：22–23.

[2] 李莹，许加彪.抖音短视频对西安城市空间媒介建构的特点及反思 [J].视听，2018（8）：124–125.

[3] 王月.抖音"网红城市"的形成机理及传播效果刍议——以西安、重庆为例 [J].西部学刊，2019（1）：103–106.

[4] 谭宇菲，刘红梅.个人视角下短视频拼图式传播对城市形象的构建 [J].当代传播，2019（1）：96–99.

[5] 蒙田原.大西安建设背景下新媒体与城市形象传播研究 [J].今传媒，2017（3）：65–66.

[6] 冀楠，孙昊.浅析新媒体对西安城市形象塑造和传播的作用——以"'抖音'"为例 [J].新闻知识，2018（08）：38–41.

[7] 张辉，罗建英，孙天星.城市马拉松和城市品牌认知的关系调查——基于现场参与者体验的视角 [J].北京体育大学学报，2020，43（6）：93–100.

[8] 占自华.基于视觉修辞视角的广州城市形象建构与管理——评《数字时代下城市品牌形象定位及传播》[J].科技管理研究，2020，40（18）：272.

[9] 甄巍然，荣佳琦."反身性"视阈下城市品牌传播的价值冲突与反思 [J].城市发展研究，2019，26（11）：74–79.

[10] 蔡洁.品牌竞争力对区域经济发展的促进作用及其优化建议 [J].商业经济研究，2019（24）：56–58.

[11] 郑晨予，范红.中国三大城市的品牌影响力及其差异化研究 [J].江西

社会科学，2020，40（10）：199–209.

[12] 熊战勋.智慧城市让"信息通衢"成为武汉新品牌[J].中国经贸导刊，2015（31）：28.

[13] 徐振强.城市智慧化品牌建设策略述论[J].中国名城，2016（11）：11–15.

[14] 唐斯斯，张延强，单志广，等.我国新型智慧城市发展现状、形势与政策建议[J].电子政务，2020（4）：70–80.

[15] 杭州市交通运输局.杭州"城市大脑"智治交通拥堵[J].中国交通报，中国交通报，2019：001.

[16] 金承涛.综合运用城市大脑提升城区治理水平——从杭州上城湖滨街区智慧治理谈起[J].小康，2019（33）：68–69.

[17] 王坚.城市大脑："算力时代"的治理机遇[J].杭州，2020（9）：14–17.